बिना डांट-डपट किए बच्चों को कैसे सुधारें

75 से अधिक व्यावहारिक सुझाव

जूही अग्रवाल

अनुवाद
शम्भू नाथ पाण्डेय

यूनीकॉर्न बुक्स

प्रकाशक

यूनीकॉर्न बुक्स

F-2/16, अंसारी रोड, दरियागंज, नई दिल्ली-110002
☎ 23275434, 23262683, 23262783 • फैक्स: 011-23257790
ईमेल : info@unicornbooks.in • वेबसाइट : www.unicornbooks.in

शाखा : मुंबई

23-25, जाओबा वाड़ी, ठाकुरद्वारा, मुंबई-400002
☎ 022-22010941, 022-22053387
E-mail: rapidex@bom5.vsnl.net.in

मुख्य वितरक

➤ पुस्तक महल, दिल्ली

J-3/16, दरियागंज, नई दिल्ली-110002
बंगलुरु : ☎ 080-22234025 • टेलीफैक्स : 22240209
पटना : ☎ 0612-3294193 • टेलीफैक्स : 0612-2302719

➤ पी.एम., पब्लिकेशंस, दिल्ली

- 10-B, नेताजी सुभाष मार्ग, दरियागंज, नई दिल्ली-110002
- 6686, खारी बावली, दिल्ली-110006

➤ वी एण्ड एस पब्लिशर्स, हैदराबाद

5-1-707/1, ब्रिज भवन, (सेन्ट्रल बैंक ऑफ इण्डिया लाइन के साथ)
बैंक वाली गली, कोटी, हैदराबाद-500095
☎ 040-24737290

ISBN : 978-81-7806-185-6

संस्करण : सितम्बर, 2015

मुद्रक : परम ऑफसेटर्स, ओखला, नई दिल्ली-110020

प्रस्तावना

"बोर्ड में अच्छी प्रस्तुति न कर सकने व अपने माता-पिता की ऊंची तमन्नाओं को न पूरा कर पाने के कारण एक पंद्रह वर्ष का बालक आत्महत्या कर लेता है।

एक ग्यारहवीं कक्षा का विद्यार्थी अपने साथी छात्रों एवं अध्यापकों के अश्लील चित्र कंप्यूटर पर दिखाता है। अखबार की सुर्खियां चीखते हुए कहती हैं कि ग्यारह वर्ष की लड़की एक बच्चे की मां बन गई है।"

मेरी सहेली बताती है कि उसे अपने बच्चे के कारण किन-किन परेशानियों का सामना करना पड़ता है। उसे मेरे कहने के विपरीत काम करने में खुशी होती है। वह पूर्णतया विद्रोही बन चुकी है।

अध्यापक-अभिभावक गोष्ठी के दौरान आपको छात्रों के ऐसे अवांछित स्वभाव का ज्ञान होता है, जैसे—कक्षाओं से गायब रहना, चोरी करना, झूठ बोलना, धृष्टता एवं दबंगई (दादागीरी) इत्यादि।

"मेरे लड़के को टेलीविजन देखने का नशा हो गया है, वह मेरी बातों को बिल्कुल नहीं सुनता है।" इस प्रकार की दुःखद घटनाएं काफी हताश करने वाली होती हैं।

माता-पिता अपने बच्चों के जीवन को अच्छा से अच्छा बनाना चाहते हैं और वे इसके लिए पूरा परिश्रम भी करते हैं। माता-पिता के जीवन का ज्यादा से ज्यादा समय अपने बच्चों के लिए बीतता है। परन्तु यदि उनका बच्चे के साथ पारस्परिक लगाव सही रूप से नहीं है, तो वे मुख्य उद्देश्य की प्राप्ति में असफल हो जाते हैं। ऐसे में माता-पिता उदास रहते हैं, तनाव में रहते हैं अथवा अपनी हार मानते हैं। इन सभी समस्याओं का मूल कारण बच्चे में अनुशासन हीनता एवं आपसी सूझ-बूझ की कमी होती है।

बच्चे हमारे जीवन की अति मूल्यवान प्राथमिकताओं में आते हैं। उनकी अच्छी देखभाल करना और उन्हें स्वस्थ वातावरण देना हमारा मुख्य उत्तरदायित्व है। उनके व्यक्तित्व को ऊपर उठाना एक अनूठा और रचनात्मक कार्य है। इसके लिए लंबे समय तक गहन देख-रेख की आवश्यकता होती है। कभी-कभी जीवन में प्रतिदिन के अत्यधिक दबाव के कारण साधारण परिस्थितियां भी अति कठिन मालूम होती हैं। ऐसे समय में हमें आश्चर्य होता है कि हम क्यों खुशी-खुशी अपने कीमती समय को खर्च कर, रात-भर जागकर बिना मानसिक थकावट के कार्य करते हैं। माता-पिता के थोड़े से ध्यान एवं स्नेह के द्वारा पोषित बच्चा ही इन तमाम प्रश्नों का उत्तर है।

कभी-कभी हम वयस्क लोग अपने बचपने को भूल जाते हैं। कीचड़ में लोटते हुए, बालू में बिल खोदते हुए, बारिश में कूदते हुए, हाथ से पेंटिंग करते हुए हमें कितनी खुशी होती थी। वहीं माता-पिता को ये काम व्यर्थ के लगते थे।

विषय सूची

अनुशासन

अनुशासन का मतलब अनावश्यक प्रतिबंध नहीं है। मेरी सास की कुछ प्रिय पंक्तियां इस प्रकार हैं– "मेरे छः बच्चों की तुलना में तुम्हें आज इन दो बच्चों को ज्यादा ध्यान देने की जरूरत पड़ती है।" सच में, आज के समय में दो बच्चों का सामना करना इतना आसान नहीं है।

सही अनुशासन एक घर को खुश रखने की कुंजी है और एक बच्चे के सही विकास के लिए यह अत्यंत आवश्यक है।

हममें से बहुत लोग भाग्यशाली हैं कि हमें अपने बच्चों के कारण किसी बड़ी परेशानी का सामना नहीं करना पड़ता है। परन्तु ऐसे बच्चे जो अपने माता-पिता की परेशानी का कारण बनते हैं, यदि उन्हें हम पास से देखें तो पता चलेगा कि उनके मूल में अप्रभावी अनुशासन ही मुख्य कारण होता है।

बच्चों के साथ बर्ताव करते समय निम्न तथ्य मददगार होने चाहिए, लेकिन साथ ही यह भी ध्यान दिया जाना चाहिए कि अनुशासन चीखने, चिल्लाने, मारने, पीटने अथवा दंड देने से न तो प्रारंभ होता है और न ही खत्म होता है।

1. अच्छे अनुशासन का तात्पर्य दंड नहीं

दंड देने से बच्चा गुस्सैल, विद्रोही अथवा उलझन में पड़ सकता है। ऐसा करने से बच्चे में जो अवांछनीय गुण हैं, उसे न तो दूर किया जा सकता है और न ही नियंत्रित किया जा सकता है।

2. अच्छे अनुशासन का मतलब होता है कुछ स्पष्ट हिदायत देना

कुछ विशेष एवं स्पष्ट निर्देशों के देने से बच्चे में निस्संदेह अच्छे गुणों का विकास होता है एवं उसके बुरे गुणों पर नियंत्रण पाया जा सकता है।

3. अनुशासन ही पर्याप्त नहीं है

एक बच्चा अपने स्वयं के तरीके में अनुपम होता है। वह कठपुतली के समान नहीं होता है। कठपुतली के धागे की तरह बच्चे के व्यवहार को अपने अनुसार नहीं चलाया जा सकता। बच्चे की उम्र धीरे-धीरे बढ़ती है और वह नित्य नई-नई कलाओं को सीखता है। मातृ-पितृत्व एक कठिन कार्य है। माता-पिता को बच्चे के ऊपर पूर्ण नियंत्रण की आशा नहीं करनी चाहिए। यह सबसे अच्छा होता है कि माता-पिता व बच्चे में एक स्वस्थ संबंध रहे, ताकि उसे वह सब कुछ अच्छे तरीके से सिखाया जा सके, जिसे उसे वास्तव में जानने की आवश्यकता होती है।

4. अनुशासन एक चलती प्रक्रिया है

अनुशासन किसी निश्चित समय से शुरू नहीं होता है, जैसे—भोजन करते समय, गृहकार्य करते हुए। यह एक चलती प्रक्रिया है। हर समय बच्चे को हिदायत न दें। केवल आंख दिखाने व त्योरी चढ़ाने से भी काम चल सकता है।

5. अनुशासन का अर्थ बच्चे का दम घुटाने वाला व्यवहार नहीं

'ऐसा करो' अथवा 'ऐसा मत करो', बार-बार की हिदायत देने से भी बच्चे का दम घुटने लगता है। बच्चों को अपनी गलतियों से सीखने का मौका दिया जाता है, तो वे उसे परिपक्व तरीके से सीखकर जीवन की हर कठिनाई का सामना करने में सक्षम होते हैं।

6. अनुशासन को उम्र, आवश्यकता और स्थिति के अनुसार बदलना चाहिए

माता-पिता को चाहिए कि उनके अनुशासन का तरीका बच्चे की उम्र, आवश्यकता व परिस्थिति के अनुसार हो। कभी आपकी सलाह उपयोगी हो सकती है अथवा कभी नहीं।

अलग-अलग तरीकों को अपनाइए। रिश्तेदारों व नजदीकी मित्रों से राय लीजिए। तब तक प्रयत्न करते रहिए, जब तक बच्चे के व्यवहार में सुधार न हो जाए। आपकी युक्तियों का थैला 'दादी मां की पिटारी' के समान होना चाहिए, जो घर की हर छोटी-मोटी बीमारियों को घरेलू उपचार से ठीक कर देती है।

बच्चे को अनुशासन सिखाने के लिए बहुत साधारण व अहिंसात्मक तरीके हैं। परन्तु बहुत सारे माता-पिता बच्चे को मारते हैं, हम कल्पना कर सकते हैं कि उन माता-पिता ने इसके पहले बच्चों को सिखाने के लिए बहुत सारे प्रयत्न किए होंगे किन्तु वे बच्चे में अच्छी आदत डालने में असफल रहे।

माता-पिता इस बात को महसूस नहीं करते हैं कि बच्चे की पिटाई का सकारात्मक की बजाय नकारात्मक प्रभाव अधिक पड़ता है। इसलिए वे यहां दिए गए विभिन्न तरीकों का प्रयोग कर सकते हैंः

पिटाई क्या है?

पिटाई से बच्चे के शरीर में पीड़ा होती है। बच्चा पिटता इसलिए है, क्योंकि उसने कोई गलती अथवा कोई अभद्र व्यवहार किया होता है। क्रोध के आवेश में हम कोई छड़ी, बेल्ट, स्केल, स्लिपर, ब्रुश या जो कुछ भी हाथ में आता है, उठा लेते हैं और पिटाई करते हैं। हो सकता है कि बाद में हम इसके लिए पश्चाताप भी करें। प्रायः बड़े लोग छोटों को सजा देते हैं, किन्तु बच्चा उसका जवाब चिल्लाकर, चीखकर अथवा धृष्टता दिखाकर देता है।

पिटाई क्यों वर्जनीय होनी चाहिए?

1. पिटाई प्रभावशाली नहीं होती

जीवनभर हमारी यही इच्छा रहती है कि बच्चे, लोग अथवा कार्य जो कुछ भी हो, ठीक वैसा ही हो जैसा हम उन्हें करना चाहते हैं। मनोनुकूल कार्य जब नहीं होता तो हम गुस्सा होते हैं। इससे तनाव पैदा होता है और शारीरिक सजा देकर अपने अंतःकरण में छिपे क्रोध के गुबार को बाहर निकालते हैं, यह बच्चे के नियंत्रण का उपाय नहीं है। हो सकता है कुछ समय के लिए, पिटाई के बाद बच्चा वह करे जो हम चाहते हैं, किन्तु एक लंबे अंतराल के बाद पिटाई का कोई प्रभाव नहीं पड़ता।

'हम एक ऐसे चिकित्सक दंपती को जानते हैं, जो अपने इकलौते बेटे को चिकित्सा क्षेत्र में ही ले जाना चाहते थे, ताकि वह बाद में उनके सफल पेशे का पूर्ण अधिकारी बन सके। लेकिन बच्चे का ज्यादा झुकाव कंप्यूटर की तरफ था। जब समझाने-बुझाने अथवा कुछ पारितोषिक आदि के द्वारा भी वह राजी करने में असफल रहे, तो वे उसके दिमाग को बदलने के लिए शारीरिक दंड देने पर उतर

आए। बच्चे को इतना धक्का लगा कि उसने सेकेंडरी परीक्षा में बहुत ही दयनीय प्रदर्शन किया और चिकित्सा परीक्षा में बैठने के अयोग्य हो गया।

जब एक माता-पिता अपने बच्चे को शारीरिक दंड देते हैं, तो बाद में वे अपने को ही दोषी मानते हैं और पश्चाताप करते हैं। दूसरी तरफ, बच्चे को हो सकता है यह संदेश मिले कि समस्याओं का निदान सजा से ही संभव है। बाद में जब कभी उसे ऐसी समस्याओं का सामना करना पड़ता है, तो वह परिपक्व व सुलझे तरीकों के बजाय उन्हीं हिंसात्मक तरीकों से समस्याओं का निदान चाहता है।

2. पिटाई खतरनाक हो सकती है

पिटाई शारीरिक अथवा मानसिक क्षति का कारण बन सकती है। एक बच्चा थोड़े समय के लिए दर्द से बीमार हो सकता है अथवा जख्मी भी हो सकता है। ध्यान रखिये, जख्म से शरीर पर भद्दा दाग भी बन सकता है।

बच्चे को गाल अथवा सिर पर मारने से उसके आंख, कान, दांत अथवा यहां तक कि दिमाग को स्थायी चोट पहुंच सकती है।

बार-बार पिटाई से बच्चा जिद्दी, रूखा, चिड़चिड़ा, डरपोक और हठी हो जाता है। हो सकता है, वह बहुत अधिक गुस्सा प्रदर्शित करे अथवा हमलावर बर्ताव भी करे। यह भी हो सकता है कि वह इन घटनाओं के बाद अपने पूर्व दुःस्वप्न की तरफ लौट जाए और उस पर मौखिक बातों का कोई प्रभाव न पड़े। बच्चे यह भी महसूस करते हैं कि वे ही बुरे हैं, न कि उनका व्यवहार। वे अपने को असम्मानित महसूस कर हीनभावना से ग्रसित हो सकते हैं।

एक पुरानी कहावत है, 'जब बाप का जूता लड़के के पैर में आने लगे, तो पिता का पुत्र के साथ मित्रवत् व्यवहार होना चाहिए।' कच्ची उम्र में बच्चों की पिटाई करने से वे घर छोड़कर भाग भी सकते हैं। बहुत ज्यादा गुस्सा दिलाने पर वह भी उलटा प्रहार कर सकता है। ऐसा भी देखा गया है कि 2 वर्ष का बच्चा भी पिटाई करने पर अपने माता-पिता को उलटा मार देता है। इससे माता-पिता के चेहरे पर हतोत्साहित होने का प्रभाव साफ-साफ देखा जा सकता है। ऐसे बर्ताव के कारण के लिए सही समीक्षा की आवश्यकता है।

3. पिटाई से हिंसा को ज्यादा बढ़ावा मिलता है

मैं यहां पर एक अच्छे परिवार का उदाहरण प्रस्तुत करती हूं, जो एक प्रतिष्ठित क्षेत्र में निवास करते थे। उनके एक 14 वर्षीय बच्चे की अकसर पड़ोसियों अथवा नौकरों से हाथा-पाई होती रहती थी।

वह कभी चौकीदार, कभी माली, कभी राह गुज़रते लोगों से भी लड़ने को तैयार रहता। उसके माता पिता को उसके खिलाफ शिकायतें सुनकर आश्चर्य हुआ।

बातों की गहराई में जाने से पता चला कि उसके पिता कभी-कभी शराब के नशे में उसकी मां व बड़े भाई की पिटाई करते थे। उसकी मां नौकरानी पर हाथ उठा देती थी। उसकी अपने बड़े भाई से कई बार घमासान हाथा-पाई हुई थी।

कहना ही पड़ेगा कि परिवार के इस बर्ताव से उसने यही सीखा कि पिटाई हर परेशानी का हल है।

4. शारीरिक दंड कानून के विरुद्ध है

यद्यपि भारतीय कानून में बच्चों को शारीरिक दंड देने के विरुद्ध कोई विशेष कानून नहीं है, किन्तु बच्चों को किसी भी प्रकार से नुकसान पहुंचाना अपराध है। शारीरिक दंड की व्याख्या इस प्रकार की जा सकती है कि कोई भी ऐसा प्रौढ़, जो शारीरिक दंड देकर बच्चे के शरीर में कोई घाव पैदा करता है, तो यह कानून के विरुद्ध है। अनियंत्रित क्रोधोन्माद कभी घाव का रूप भी ले सकता है। दूसरे देशों में सरकार बच्चे को किसी विशेष परिस्थिति में माता-पिता से अलग भी कर सकती है।

अनुशासित करना एक गंभीर मामला है। आपको महत्त्वपूर्ण निर्णय लेना होता है कि आप बच्चे को कैसे अनुशासित करते हैं। यह किताब आपको कई नए उपाय, विकल्प और तरीके बताएगी, ताकि आप अच्छा से अच्छा हर संभव निर्णय ले सकें। यदि आप इस किताब में दी गई सलाह को अपनाते हैं, तो निस्संदेह आपको बच्चों की देख-रेख से एक आनंद मिलेगा, न कि सिर-दर्द।

बच्चे को प्रताड़ित न करें

कुछ तनावजनित स्थितियां जैसे–बेरोजगारी, खाने-पीने का अभाव, नौकरी में असंतोष, वैवाहिक झगड़ा, बच्चे का आज्ञाकारी न होना आदि भी बच्चे की पिटाई का कारण बन जाती हैं।

हो सकता है, कुछ माता-पिता बच्चे को अनुशासित करने के लिए अत्यधिक शारीरिक दबाव देते हैं–मारकर, पीटकर, धक्का देकर, नीचे पटककर यहां तक कि कमरे में बंद करके। माता-पिता के इस पशुवत् व्यवहार से समस्या का किसी प्रकार निदान नहीं होता। यह उनके स्वतः के मानसिक तनाव, अप्रसन्नता तथा बर्दाश्त न करने की क्षमता की प्रतिक्रिया में होता है।

दुर्भाग्यवश बच्चों को प्रताड़ित करना पूरे विश्व की समस्या है और लगता है कि यह समस्या प्रतिदिन बढ़ती ही जा रही है। यह देखा गया है कि जो माता-पिता अपने बच्चों को प्रताड़ित करते हैं, वे बचपन में स्वयं भी अपने माता-पिता के द्वारा प्रताड़ित किए गए होते हैं अथवा उपेक्षित होते हैं। एक बच्चा जो बचपन में प्रताड़ित किया गया होता है, वही आगे चलकर प्रताड़ित करने वाला बनता है। अनियमित अनुशासन से बच्चा अधिक हमलावर व समय के साथ बहुत ही प्रताड़ित करने वाला बन जाता है।

माता-पिता व परिवार का प्रभाव बच्चे के व्यवहार पर पड़ता है

माता-पिता के व्यवहार का बच्चे के मानसिक विकास व व्यवहार पर गहरा प्रभाव पड़ता है। सामाजिक महत्त्व और नियंत्रण का बच्चे के बचपन में ही माता-पिता की देख-रेख में गहरा प्रभाव पड़ जाता है। बच्चे के सामाजिक व आपसी संबंधों की नींव घर पर ही पड़ जाती है। घर बच्चे का पहला स्कूल होता है। सामाजिकता सिखाने का यह एक बहुत बड़ा साधन है। सामाजिकता बच्चे के विश्वास, व्यवहार, स्तर, उद्देश्य को प्राप्त करने का एक अच्छा तरीका है। घरेलू अनुभव का एक विशेष योगदान होता है। इससे यह निश्चय होता है कि क्या बच्चा स्वतंत्र, दृढ़निश्चयी, उपलब्धिपरक, प्रतियोगी, दयालु, प्रेमी, जिम्मेदार होगा अथवा इसके विपरीत आश्रित, अपने को तुच्छ समझने वाला, आक्रामक, दब्बू, अड़ियल होगा। हमारी बचपन की यादें खुशनुमा या दुःखपूर्ण हो सकती हैं। किसी को नहीं कहा जा सकता कि उसका बचपन पूर्ण रहा हो। और न यह संभव है कि किसी बच्चे को पूर्ण बालपन दिया जा सके। अपने बच्चे के पालन-पोषण का हर माता-पिता का अलग तरीका होता है। जहां तक माता-पिता के पालन-पोषण के तरीकों का सवाल है, उसे तीन भागों में बांटा जा सकता हैः

1. प्रभुत्वशाली या अधिकारवादी माता-पिता 2. भोगवादी माता-पिता 3. आदर्शवादी माता-पिता।

1. प्रभुत्वशाली या अधिकारवादी माता-पिता

इस प्रकार के माता-पिता अपने बच्चों के बारे में सभी निर्णय स्वयं लेते हैं। ऐसे माता-पिता अधिकारवादी, कड़े अनुशासन में रखने वाले एवं सख्त होते हैं। वे अपने को अत्यंत शक्तिशाली एवं भयावह दिखाते हैं। वे बच्चे के ऊपर एक नपे-तुले

व्यवहार को थोपते हैं, यद्यपि वे अपने बच्चे के लिए अच्छा से अच्छा चाहते हैं। वह किसी रीति-रिवाज अथवा मान्यता में कोई बदलाव स्वीकार नहीं करते। चाहे कुछ भी हो, ऐसे माता-पिता अपने बच्चों से पूर्ण आज्ञापालन चाहते हैं। उनका विश्वास होता है कि जो वे सोचते हैं, वही सत्य है। वह अपने बच्चे को एक विशिष्ट सांचे में ढालकर पूर्ण बनाना चाहते हैं। ऐसे माता-पिता के बच्चे असामाजिक (गैर-मिलनसार), उत्साहहीन व जिद्दी हो जाते हैं।

2. भोगवादी माता-पिता

इस प्रकार के घरों में माता-पिता नरम एवं प्रिय व्यवहार करने वाले होते हैं, किन्तु उनका कोई निश्चित नियम नहीं होता है। यहां बच्चों की सब बातें मान ली जाती हैं, जो वे चाहते हैं। बच्चे की मांग चाहे जो कुछ भी हो, माता-पिता उनकी जरूरतों को पूरा करते हैं जो बाद में उनकी आवश्यकता बन जाती है। ऐसे घर प्रायः बहुत सुसज्जित व व्यवस्थित नहीं होते हैं। यहां दंड और पुरस्कार का कोई नियम नहीं होता है। माता-पिता अनुशासन में ढीले होते हैं। कभी-कभी बच्चे को सख्त सुरक्षात्मक नियमों के तहत भी रखा जाता है। ऐसे में बच्चा वह गुण नहीं सीख पाता है, जो उसको स्वतंत्र रहने के लिए चाहिए। माता-पिता का व्यवहार अनियमित हो सकता है और वे अपने उत्तरदायित्व का सामना नहीं कर पाते हैं। ऐसे परिवार के बच्चे मतलबी, भोगवादी एवं लापरवाह होते हैं।

3. आदर्शवादी माता-पिता

ऐसे घरों के माता-पिता जरूरत के अनुसार अपने को ढालने वाले, तेजस्वी और बच्चों को बाहर ले जाकर खुश रखने वाले होते हैं। यहां बच्चा परिवार का एक पूर्ण सदस्य होता है। न ही उसको ज्यादा लाड़-प्यार मिलता है, न ही वह उपेक्षित किया जाता है। यहां माता-पिता बच्चों के प्रति प्रिय व स्नेहिल होते हैं। घर के अंदर नियम न तो ज्यादा सख्त होते हैं और न ही ज्यादा ढीले। वहां एक उचित मात्रा में नियम होता है। घर के नियम की जानकारी सबको होती है। बच्चों को अपने उत्सुक सवालों का संतोषप्रद जवाब मिलता है। यहां मनमाने निर्णय लागू नहीं किए जाते हैं। उन्हें परिवार के सदस्यों द्वारा परामर्श दिया जाता है। यदि कोई बच्चा नियम तोड़ता है, तो उसे काम पर लगाया जाता है। माता-पिता बच्चों की शिकायतों को सुनते हैं और उन्हें उत्साहित करते हैं; ऐसे समय में वे एक जिम्मेदार, वयस्क और स्वतंत्र व्यवहार निभाते हैं। ऐसे घरों के बच्चे पूर्णतया सामाजिक और मित्रवत् व्यवहार करने वाले होते हैं। वे व्यावहारिक, सुरक्षित और आसानी से आवश्यकतानुसार अपने को ढालने वाले होते हैं।

4. बच्चे के पालन-पोषण में माता की भूमिका

एक माता बच्चे के साथ पिता की तुलना में ज्यादा समय बिताती है, इसलिए बच्चे के व्यवहार पर उसे अपना प्रभाव जमाने का ज्यादा से ज्यादा मौका मिलता है। बच्चे का पालन-पोषण प्रायः माता के अधिकार और उत्तरदायित्व से पहचाना जाता है। एक पिता अपने बच्चे का थोड़ा-बहुत ध्यान सोने से पहले, रविवार के दिन अथवा वार्षिक छुट्टियों के दौरान ही रख सकता है। पर, मां जो बच्चे के भविष्य की निर्मात्री होती है, उसे बच्चे के पालन-पोषण का अधिक से अधिक ध्यान रखना पड़ता है। प्रायः काम करने वाली माताएं आवश्यकता से अधिक महत्त्वाकांक्षी होती हैं।

5. बच्चे के पालन-पोषण में पिता की भूमिका

पिता बच्चे के व्यवहार पर सीधा अथवा परोक्ष रूप से अनेक प्रकार के प्रभाव डालता है। वह काफी हद तक बच्चे के व्यक्तिगत व सामाजिक मूल्यों को, जिस पर कि उसका पारिवारिक जीवन आधारित होता है, उसका निश्चय करता है। पिता का व्यवहार घर और बच्चे की देख-रेख के लिए माता को भी प्रभावित करता है।

आजकल, थोड़ा-बहुत माता-पिता की तानाशाही प्रवृत्ति में कमी आई है। बच्चे और माता-पिता के आपसी संबंध बढ़े हैं। आज के समय में पिता के उत्तरदायित्व पर भी ज्यादा जोर दिया गया है। माता के विचारों को ध्यान में रखते हुए एक सुव्यवस्थित परिवार, के लिए पिता को प्रयासरत रहना चाहिए। इससे बच्चे एवं वे (माता-पिता) भी प्रसन्न रहेंगे। सामंजस्य स्थापित करने वाले माता-पिता के लिए इस बात की ज्यादा संभावना होती है कि बच्चे भी सामंजस्य स्थापित करने वाले बनें।

6. भाई-बहन

घर में बच्चे के भाई व बहन का भी महत्त्वपूर्ण प्रभाव बच्चे के व्यक्तित्व व सामाजिक व्यवहार पर पड़ता है। वह अपने भाई-बहनों से वफादारी, हाथ बंटाना, मदद करना, दबाव बनाना, होड़ करना आदि सीखता है।

नियम क्या हैं?

यदि एक तीन साल के बच्चे से पूछा जाए कि नियम क्या हैं? तो शायद वह जवाब देगा कि नियम उसे कहते हैं जो दूसरे की पिटाई न करे, किसी चीज को तोड़े नहीं या फर्नीचर के चारों तरफ चक्कर न लगाए।

किन्तु एक बड़े बच्चे से नियम की परिभाषा पूछी जाए तो वह बताएगा कि नियम एक विशिष्ट व्यवहार करने की निर्देशिका है, जिससे एक अच्छे स्थान की प्राप्ति हो सके। नियम एक सामान्य, पक्षपात रहित निर्देश है। एक छोटा बच्चा नियम का इसलिए पालन कर सकता है, ताकि बुरा नतीजा न मिले। जबकि एक बड़ा बच्चा नियम को एक सामाजिक समरूपता मानता है। एक वयस्क बच्चा नियम का इसलिए पालन करता है, ताकि उसे अधिक से अधिक लाभ मिले। नियम को एक ऐसे सिद्धांत के रूप में परिभाषित किया जा सकता है, जिससे कार्यक्रम का निश्चय हो सके। नियम बताता है कि किस सीमा में बच्चे को कार्य करना चाहिए एवं खेलना चाहिए, ताकि वह अपने लक्ष्य को आसानी से प्राप्त कर सके। अच्छे पालन-पोषण का उद्देश्य होना चाहिए–मानवीयता को ऊपर उठाना, खुले विचार, स्वतंत्र एवं जिम्मेदार युवा बनाना।

उम्र के अनुसार नियम बनाना

कोई नियम बनाने से पहले यह अच्छा होता है कि बच्चे की मानसिकता और उसकी उम्र विशेष का ध्यान रखा जाए। बच्चों के सामान्य व्यवहार के आधार पर, विभिन्न आयु-वर्ग के बच्चों के लिए उनके विकास-संबंधी बातें यहां बताई जा रही हैं :

2 वर्ष तक के बच्चे

बच्चों में विभिन्न प्रकार के व्यावहारिक तौर-तरीके पाए जाते हैं–वे खाते हैं, चिल्लाते हैं, चलते हैं, बकबकाते हैं, सोते हैं, खेलते हैं, मुस्कराते हैं इत्यादि। वे अपनी ज्ञानेन्द्रियों के द्वारा नयी चीजें खोजते हैं। जैसे–आंख, कान, मुंह, नाक और चमड़ी। वे चखते हैं, छूते हैं, सूंघते हैं, महसूस करते हैं और सुनते हैं। जैसे-जैसे उनकी उम्र बढ़ती है, सोने की मात्रा कम होती है।

एक नवजात शिशु जहां बीस घंटे सोता है, वहीं एक साल के बच्चे को बारह घंटे सोने की आवश्यकता पड़ती है। उनका बाहरी जगत से संबंध रोने, तुतलाने, घरघराकर बोलने और मुस्कराने आदि के द्वारा होता है। कुछ बच्चे थोड़ी-सी भी छेड़छाड़ होने पर चिल्लाते हैं, चीखते हैं। उन्हें शांत करने में बड़ी कठिनाई होती है, जबकि दूसरे बच्चे अधिक सहनशील होते हैं। यह शायद इसलिए होता है कि वे नयी-नयी विलक्षण परिस्थितियों से गुजरते हैं, जिसे वे समझने अथवा अपनी प्रतिक्रिया व्यक्त करने में अक्षम होते हैं। वे धीरे-धीरे लोगों से, पदार्थों से एवं

घटनाओं से अपनी पहचान बनाते हैं। वे सुस्त, चिड़चिड़े व शोर मचाने वाले होते हैं, जबकि उनके लिए नियम बनाने में निम्नांकित बातों का ध्यान रखना चाहिए :

1. पंद्रह महीने व्यतीत होने पर बच्चे सीखना शुरू करते हैं।
2. छोटे बच्चे धीरे-धीरे सीखते हैं।
3. उनको एक नियम एक बार में बताना अच्छा होता है।
4. उनको ज्यादा से ज्यादा देख-रेख व प्यार की जरूरत होती है।
5. उनको संगति एवं नजदीकी पहचान की आवश्यकता होती है।

2 से 5 वर्ष तक के बच्चे

इस स्तर पर खेल एक महत्त्वपूर्ण क्रिया है। स्कूल जाने से पहले वाले बच्चे नयी खोज व प्रयोग पसंद करते हैं। ऐसा लगता है कि उनके पास बहुत अधिक शक्ति व जिज्ञासा होती है। इस समय बच्चे के स्वतंत्र व्यवहार को उत्साहित करना चाहिए। फिर भी पूर्ण देख-रेख हर दशा में आवश्यक होती है। घर में वह स्थान जहां वे खेलते हैं, साफ और सुरक्षित होना चाहिए। वहां कोई बहुत नुकीला व आराम से टूट जाने वाला सामान नहीं होना चाहिए। इस स्तर की शुरुआत में बच्चे खिलौनों के साथ अकेले कई-कई घंटों तक खेलते रहते हैं। जब वे 'प्ले स्कूल' में जाना शुरू करते हैं, तो वे दूसरों के साथ सीखते हैं कि कैसे रहना चाहिए। कई बार वे वास्तविकता और काल्पनिक में भेद कर पाने में परेशानी अनुभव करते हैं। वे काल्पनिक मित्र या प्रिय रखते हैं। खेल उन्हें सोचने के लिए मौका देता है और ज्ञानात्मक विकास में मदद करता है। 'पापा और मम्मी', 'चिकित्सक और मरीज', 'अध्यापक और छात्र' की भूमिका निभाना प्रायः सामान्य होता है। इस प्रकार के खेल उनके विचार और भय का एक प्रदर्शन हो सकते हैं। जैसे-जैसे उनकी कल्पना सजीव होती है, उनके खेल का विस्तार होता है। कुछ बच्चे एक निश्चित मात्रा में आक्रामकता दिखाते हैं। वे दूसरे को पीट सकते हैं, धक्का दे सकते हैं या मार सकते हैं। वे अपनी बात मनवाने के लिए यहां तक कि बदमिजाजी भी कर सकते हैं। इस स्तर पर बच्चों की परेशानियों का निदान माता-पिता को समझा-बुझाकर करना चाहिए।

विद्यालय जाने वाले बच्चे : 6 से 12 वर्ष

इस उम्र के बच्चे अत्यधिक व्यावहारिक व नम्र होते हैं। वे कल्पना और वास्तविकता के बीच फर्क समझना शुरू कर देते हैं। वे नई गुणवत्ताओं का विकास करते हैं।

वे किसी समस्या के निदान के लिए अपने विचारों का उपयोग कर सकते हैं। वे स्थितियों और वस्तुओं में क्रमबद्धता, बंटवारे व संबंध को स्थापित कर सकते हैं। वे संबंधों को समझते हैं, ज्यादा जिम्मेदार होते हैं और दूसरों पर कम निर्भर होते हैं। इस समय उन्हें आत्मविश्वास पाने की आवश्यकता होती है। वे दूसरों को नुकसान या घाव भी पहुंचा सकते हैं या वस्तुओं को बर्बाद भी कर सकते हैं। उन्हें मदद और उत्साह की आवश्यकता होती है। माता-पिता को उनके साथ कार्य करते समय धैर्यवान व नम्र होना चाहिए। उन्हें अपने बच्चे को अच्छा होने की बजाय अच्छा करने के लिए उत्साहित करना चाहिए।

विद्यालय जाने वाले बच्चों को सामान्य लक्ष्य निश्चित करने चाहिए ताकि जब वे उन्हें प्राप्त करें, तो उन्हें अपनी उपलब्धि का आभास हो सके जो उनके आत्मविश्वास और स्वाभिमान को बेहतर बनाने में मदद करेगी। उन्हें पाठ्येतर विषयों में उत्साहित किया जाना चाहिए। मजबूत, नैतिक मूल्यों के भाव उनके मन में बैठाए जाने चाहिए।

किशोरावस्था : 13 से 18 वर्ष

किशोरावस्था हमेशा से ही एक बच्चे के विकास का अत्यधिक मुश्किल समय माना जाता रहा है। ऐसे समय में युवा लड़के या लड़की को सामंजस्य स्थापित करके चलना होता है, क्योंकि इसी समय उनमें शारीरिक, लैंगिक, मानसिक, बौद्धिक और सामाजिक बदलाव तेजी से होते हैं। कच्ची उम्र के बच्चों की तुलना एक जहाज से की जाती है, जिसने बचपन का एक सुरक्षित किनारा छोड़ दिया होता है और अब उसे जीवन के उफान भरे जल को पार करते हुए वयस्कता की तरफ बढ़ना होता है। उन्हें रास्ते में विपरीत मौसम, शांत समुद्र या शिलाखंड का सामना करना पड़ सकता है। लेकिन उन्हें सभी विघ्न-बाधाओं को पार कर, एक जिम्मेदार वयस्क बनने की आवश्यकता होती है। उन्हें जीवन में अपने लक्ष्य को पाने की आवश्यकता होती है और सीखना होता है कि वे उन्हें कैसे प्राप्त करें? एक जिम्मेदार माता-पिता को एक मित्र, दार्शनिक व दिशा-निर्देशक की भूमिका निभानी होती है। माता-पिता को एक अच्छी सूझ-बूझ व प्यार करने वाला होना चाहिए। आजकल के दिनों में एक कच्ची उम्र के बच्चे में ज्यादा नशाखोरी, धूम्रपान व लैंगिक असंयम होने की संभावना होती है। उन्हें इन सबके विरुद्ध चेतावनी दी जानी चाहिए। माता-पिता की अपेक्षा इस उम्र में अभिजात वर्ग (शिक्षक, ट्यूटर आदि) एक मुख्य भूमिका निभाता है। इसलिए माता-पिता को अपने विचारों एवं परेशानियों को बांटते हुए

अपने से कच्ची उम्र के बच्चों एवं बच्चियों के संगति पर विशेष ध्यान रखना चाहिए।

यह बात हमेशा दिमाग में रखी जानी चाहिए कि प्रत्येक वस्तु, यहां तक कि नियम भी समय के अनुसार बदले जाने चाहिए अथवा उनमें सुधार किया जाना चाहिए। अपने बच्चों के लिए नियम बनाते समय निम्न बातों का ध्यान रखें :

1. नियम उम्र के अनुसार हों

एक आठ वर्ष के बच्चे को खेलने के बाद, शाम को घर सात बजे आना पड़ सकता है, जबकि किशोरावस्था के एक बच्चे के लिए यह समय रात्रि के नौ बजे तक का हो सकता है। दो वर्ष की बच्ची के लिए माचिस से खेलना वर्जित हो सकता है, पर एक किशोर लड़की के लिए जो खाना बनाना सीख रही हो उसके लिए नहीं, किशोरावस्था में एकान्त चाहिए, जबकि स्कूल जाने वाले छोटे बच्चे को हमेशा देखभाल की आवश्यकता होती है।

2. नियमों में लचीलापन होना चाहिए

इसका मतलब यह नहीं कि एक लड़का हमेशा के लिए वही नियम स्वीकृत मान ले। बच्चा जितना बड़ा और अधिक आत्मनिर्भर होता जाता है, उसके लिए नए नियम और बाध्यताएं भी स्वीकृत की जानी चाहिए। एक पांच साल के बच्चे को साइकिल चलाने के लिए पार्क में अनुमति दी जा सकती हे, जबकि बारह वर्ष के बच्चे पर पार्क की बजाय फुटपाथ पर साइकिल चलाने में भरोसा किया जा सकता है।

3. नियम आवश्यकता और जिम्मेदारी के अनुसार होना चाहिए

यदि कोई किशोरावस्था का बच्चा किसी विशेष प्रशिक्षण कक्षा में भाग ल रहा है, तो उसके घर से बाहर रहने के समय को बढ़ाया जाना चाहिए। यदि एक बच्चे को एयरोमॉडलिंग अथवा ग्लाइडिंग में विशेष रुचि है, तो उसे अतिरिक्त जेब खर्च भी दिया जाना चाहिए। नियम बहुत कठोर नहीं होने चाहिए। माता-पिता को समयानुसार आगे बढ़ना चाहिए। उन्हें महसूस करना चाहिए कि नई पीढ़ी की सनक व फैशन अलग हो सकती है। सही सूझ-बूझ रखने वाले माता-पिता को कभी भी किशोरावस्था के बच्चों के विद्रोह का सामना नहीं करना पड़ेगा।

■■

बच्चों को अनुशासित करने के तरीके

घर पर सहायक वातावरण का होना

1. बच्चों की मूलभूत आवश्यकताएं पूरी होनी चाहिए

घर का वातावरण इस प्रकार का होना चाहिए कि बच्चों के शारीरिक व मानसिक विकास को सही प्रकार से उन्नत किया जा सके। भोजन और कपड़े के साथ-साथ उसकी मूलभूत आवश्यकताएं भी पूरी की जानी चाहिए। उसे आराम और छूट का भी मौका दिया जाना चाहिए। बच्चों को बीमारियों एवं शारीरिक चोट से बचाया जाना चाहिए।

भोजन और मनोदशा का सीधा संबंध माना गया है। अलेग्जेंडर की शक्तिशाली सेना के सैनिकों को कभी भी पूरा भोजन नहीं दिया गया, इससे वे आक्रामक, हिंसक और लड़ाकू स्वभाव के हो गए थे। एक बच्चे की खराब स्थिति के पीछे इसी तरह का एक साधारण-सा कारण हो सकता है। कई बार भूख में बच्चे इस तरीके का दिमाग बना लेते हैं कि थोड़ी भी देर होने पर वे खाने से इंकार करने लगते हैं। इसलिए सुनिश्चित करें कि वे कम से कम दिन में तीन बार भोजन जरूर लें। बच्चों का भोजन आवश्यकता से अधिक भी न हो।

एक नवजात शिशु एक दिन में अठारह घंटे सो सकता है, पर उसके सोने का समय धीरे-धीरे कम होता है। बच्चा जब एक वर्ष का होता है, तो उसे दस घंटे ही सोने की जरूरत पड़ती है। लेकिन हां, हर बच्चे का अपना-अपना तरीका होता है। यदि एक बच्चे को सोने और आराम के लिए पर्याप्त समय नहीं मिलता है, तो वह चिड़चिड़ा और ढीला हो सकता है। बच्चों को कम से कम आठ घंटे सोने की आवश्यकता होती है। यद्यपि किशोरावस्था के बच्चे इसे मानने से इंकार करेंगे, क्योंकि उन्हें भी आराम करने के लिए पर्याप्त समय की आवश्यकता होती है।

स्कूल के कार्य, गृहकार्य, पाठ्येतर गतिविधियों, खेल-कूद और अन्य कारण से वे दिन के अंत तक काफी थक जाते हैं। सोने की कमी उनकी एकाग्रता को घटाती है, जो उनके कार्य को प्रभावित कर सकती है। यह उनको चीखने, चिल्लाने और वापस जवाब देने के लिए भी प्रवृत्त कर सकती है। इसलिए अपने बच्चों के शारीरिक थकान पर भी ध्यान रखें।

अस्थायी शारीरिक दुर्बलता भी एक बच्चे के जिद्‌दी स्वभाव का कारण हो सकती है। एक बच्चा जो बीमार है, उससे हर नियम के पालन की आशा नहीं की जा सकती। उसे आवश्यक अनुमति प्रदान करें। साथ ही यह भी सुनिश्चित करें कि वह अपनी बीमारी का अनावश्यक फायदा न उठाए। उसका सर्दी-जुकाम और खांसी उसके टेलीविजन अधिक देखने का बहाना न बन जाए।

2. घर बच्चे का प्रसन्नचित्त स्थान होना चाहिए

घर बच्चे का एक प्रसन्नचित्त स्थान होना चाहिए। बच्चे एवं माता-पिता के बीच एक संतुलित और प्रेमपूर्ण संबंध होना चाहिए। बच्चे को सुरक्षित महसूस करना चाहिए और उसके घर में सामंजस्य स्थापित होना चाहिए। घर पर एक सद्‌भाव पूर्ण माहौल होना चाहिए। यह एक ऐसा स्थान होना चाहिए, जहां आप सपरिवार सुरक्षित रह सकें।

पढ़ाई के दौरान पता चलता है कि खुशहाल घरों के बच्चे ज्यादा व्यावहारिक और सामंजस्य स्थापित करने वाले होते हैं। जिस घर में प्रेम पूर्ण वातावरण नहीं होता, वहां के बच्चे अपने आपको असुरक्षित महसूस करते हैं। वे जल्दी घबराने वाले व आवेगी होते हैं और किसी बात पर एकाग्रचित्त होकर ध्यान नहीं देते। वे अपने जीवन के शुरू में ही दुःख और झगड़े देख चुके होते हैं। जो माता-पिता अकेले होते हैं, उन पर ज्यादा दबाव होता है, क्योंकि उन्हें कार्यालय और घर दोनों ही जगहों पर व्यवस्थित करना होता है। अपने घर को प्यार से भरिए। जितना प्यार आप देंगे, आपको उतना ही प्यार मिलेगा। इसके बजाय कि हम दूसरे व्यक्ति से प्यार की इच्छा करें, हमें स्वतः प्यार का माध्यम बनना चाहिए।

3. बच्चों को पर्याप्त जगह की आवश्यकता होती है

बच्चों को खेलने, काम करने, रचनात्मक कार्यों एवं आनंद मनाने के लिए पर्याप्त जगह की आवश्यकता होती है। अगर एक बच्चे को व्यक्तिगत कमरा मिलता

है, तो वह भाग्यशाली है। कभी-कभी बच्चे एक कमरे को बांट लेते हैं। यही एक स्थान होता है, जहां बच्चे अपने आपको स्वतंत्र महसूस करते हैं। वह अपनी इच्छा के अनुसार इसे सजा सकते हैं, और जो चाहते हैं, कर सकते हैं। यदि घर में जगह नहीं है, तो उसे गैरेज अथवा बगीचे की छाया में भी स्थान उपलब्ध कराया जा सकता है। यहां वह रचनात्मक कार्यों के साथ-साथ अपना फैलाव कर सकता है। अपना शौक जैसे– चित्रकारिता, मिट्टी के बर्तन बनाकर अथवा संगीत वाद्य बजाकर पूरा कर सकता है। छोटे घरों में बच्चों को एक मेज अथवा अलमारी भी दी जा सकती है। यदि जगह का अभाव हो और व्यक्ति का सारा समय छोटे और तंग स्थान में निकले तो उसका चिडचिड़ा होना स्वाभाविक है। एक बच्चे के लिए उस कमरे में पढ़ना जिसमें उसके माता पिता टेलीविजन देख रहें हो और छोटी बहन खिलौनों से खेल रही हो बहुत ही कठिन है। छोटी, तंग और बंद जगह में पढ़ने वाले बच्चे अकसर हठी और आक्रामक होते हैं।

यदि आपके पास ज्यादा जगह नहीं है, तो इसे बनाने की कोशिश करें। शहरी प्राधिकरण के पास ऐसे कई सुसज्जित पार्क होते हैं, और उनमें से एक कहीं आपके घर के आस-पास हो, तो इसका फायदा उठाया जा सकता है। बच्चे अपने घोड़ा गाड़ी में, कुछ और छोटे बच्चे तिपहिये पर, लड़के-लड़कियां खेलते हुए और आनन्द मनाते हुए स्वतः एक सुंदर दृश्य बनाते हैं। यहां तक कि गोदी के छोटे बच्चों को यदि नियमित बाहर न ले जाया जाए तो वे भी चिड़चिड़े हो जाते हैं।

4. बच्चों को स्वतंत्र रूप से खेलने के लिए पर्याप्त समय की जरूरत होती है

पारा 45°C पर चढ़ रहा है, यह समय स्कूल में गर्मी की छुट्टियों का है। लेकिन माता-पिता ने बच्चों के लिए एक जटिल समय-तालिका बना रखी है। सुबह 9 से 12 बजे तक शौकीन कक्षाएं, दोपहर 3 से 5 बजे तक खेल प्रशिक्षण, सायं 6 बजे से एक घंटे तक कंप्यूटर कक्षा और तत्पश्चात तैराकी। निश्चित रूप से, घर के नियत कार्य एवं स्कूल के कार्यों में से समय निकाला जाना चाहिए। इसमें बच्चे को मनमानी करने का समय कहां मिला?

माता-पिता काफी प्रसन्न होते हैं, अपने बच्चे का गर्मी के शिविर में दाखिला कराकर। वे महसूस करते हैं कि बच्चा नई गुणवत्ताओं को सीखकर संरचनात्मक गतिविधियों को पूरा कर सकने में सफल होगा। पर वे इस बात को सोचने में

असक्षम होते हैं कि बच्चे का जीवन पूर्ण रूप से नियोजित हो जाता है। उसे एक गतिविधि से दूसरी के लिए भागना पड़ता है। यहां तक कि जिन गतिविधियों में वह भाग लेता है, उनके आनंद लेने का भी उसके पास समय नहीं है। वह हमेशा परेशान व पसीने से तर-बतर होता रहेगा सो अलग।

बच्चे को कुछ समय स्वतंत्र रूप से खेलने के लिए दिया जाना चाहिए। वह ज्यादा खुश होगा यदि उसे खिलौने, लकड़ी अथवा पेपर से खेलने दिया जाए। स्वतंत्र रूप से खेलने पर बच्चों की कल्पना-शक्ति का विकास होता है। एक साधारण-सी लकड़ी का छोटा डंडा एक घोड़े के रूप में, एक बल्ले के रूप में, एक चम्मच के रूप में व एक छोटे चप्पू के रूप में बच्चे को खेलने के लिए दिया जा सकता है।

5. माता-पिता के कर्तव्य बच्चों के लिए आदर्श होते हैं

बच्चे माता-पिता को देखते हैं और उनका अनुकरण करते हैं। वे उनके शब्द, क्रिया-कलाप एवं व्यवहार उनसे लेते हैं। इस प्रकार यदि आप चाहते हैं कि आपका बच्चा पुस्तकें पढ़े, तो आप उनको स्वतः पढ़िये; अगर आप चाहते हैं कि वह ईमानदार हो, तो स्वतः ईमानदार बनिए; यदि आप चाहते हैं कि किसी गलती पर वह माफी मांगे, तो पहले स्वतः करके दिखाइये। आपके कर्तव्य उसके लिए आदर्श हैं। वह विभिन्न प्रकार के व्यावहारिक गुणों को आप से सीखता है। बच्चा ठीक वही करने की कोशिश करेगा, जो वह आप में देखता है।

एक व्यक्ति जो धूम्रपान करता है, वह देख सकता है कि उसका 2 वर्ष का बच्चा ठीक उसी प्रकार हवा को होठों से उड़ाकर, एक चॉक या पेंसिल को दोनों अंगुलियों के बीच में रखकर उसकी नकल करता है। एक औरत जो अपने नौकरों के साथ अपशब्द इस्तेमाल करके बात करती है, उसकी लड़की भी ठीक उसी तरह डांटकर अपनी गुड़िया से बात करती है। यदि माता-पिता बच्चों के सामने झगड़ा करते हैं, तो वे ठीक वही दृश्य उस समय देख सकते हैं, जब बच्चे 'घर-घर' का नाटक खेल रहे होते हैं। बच्चों को इसीलिए छोटा बंदर कहा जाता है, जो दूसरों की नकल करना पसंद करते हैं। अकसर यह नकल बिना सोचे अपने आप भी हो जाती है।

अगर आपकी नियत स्थानों पर देरी से पहुंचने की आदत है, तो बिल्कुल भी आश्चर्य मत कीजिएगा, जब आपकी लड़की स्कूल में देरी से पहुंचती है। आपका ग़ैर जिम्मेदाराना और ध्यानहीन दृष्टिकोण आराम से उस तक पहुंच जाता है।

यहां कुछ व्यावहारिक तरीके बच्चों के सामने आदर्श प्रस्तुत करने के लिए दिए गए हैं :

छोटे बच्चे

1. दूसरे के लिए प्यार दिखाना।
2. 'नहीं' शब्द का अर्थ समझाना।
3. अपनी प्लेट का भोजन खत्म करना।

2 से 5 वर्ष के बच्चे

1. बड़ों के पैर छूकर उनका सम्मान करें या उनका अभिवादन करें।
2. वस्तुओं को व्यवस्थित स्थान पर रखें।
3. सही तरीके से बात करें।

स्कूल जाने वाले बच्चे

1. समयबद्धता को समझते हुए नियमित हों।
2. दरवाजे की घंटी अथवा फोन के बजने पर ठीक से जवाब दें।
3. बिना झगड़ा किए समस्या का समाधान खुद करें।

किशोरावस्था के बच्चे

1. पैसे और समय की महत्ता को समझते हुए उन्हें बुद्धिमत्तापूर्वक इस्तेमाल करना।
2. नशाखोरी, धूम्रपान एवं लैंगिक संबंधों से दूर रहना।
3. बात करने में विनम्र व अच्छा तरीका अपनाना।

6. खेल की वस्तुओं का सही चयन करना

"मेरे बच्चे के पास बंदूकों का ढेर है। रिवॉल्वर, राइफल, मशीनगन, जो कुछ भी आप नाम लें, वह उसके पास है। जब भी वह बाजार जाता है, एक नई बंदूक खरीदने के लिए दबाव डालता है। पिछले सप्ताह मैं उसके लिए एक बॉक्सिंग ग्लोब्स, एक पंचिंग बैग व एक डिटेक्टिव सेट लेकर आई।" मेरी दोस्त ने ये सारी बातें मुझे बड़े गर्व से बताई।

बच्चे की रुचि और पसंद का महत्त्व है, पर यह माता-पिता पर है कि वह उन्हें कैसे बदलें? हथियार वाले खिलौने बच्चों की आक्रामक प्रवृत्ति को बढ़ाते हैं।

अध्ययन से पता चलता है कि छः से दस वर्ष के बीच के जो बच्चे ज्यादा आक्रामक होते हैं, वयस्क होने पर उनके ज्यादा आक्रामक होने की उम्मीद रहती है।

वीडियो गेम, कंप्यूटर और इलेक्ट्रॉनिक खिलौनों के इस युग में मुझे आश्चर्य होता है कि क्या हुआ उन अच्छे पुराने खेलों का जैसे–मोनोपॉली, स्क्रैबल, चेस्स, व्यापार, चाइनीज चेकर्स, बिल्डिंग ब्लाक्स, मॉडलिंग कीट्स, पजल्स आदि। इनमें बच्चों के सक्रिय भाग लेने की आवश्यकता है, ताकि वे अपनी संरचनात्मक विविध गुणवत्ता को बढ़ा सकें।

सही दिशा में जाने के लिए बच्चों को कभी-कभी हलके इशारे अथवा पुनरावृत्ति की आवश्यकता होती है। मैं स्वयं का अपना एक उदाहरण यहां प्रस्तुत करना चाहूंगी :

रविवार को दोपहर के बाद मैं अपने पति के साथ स्क्रैबल खेल रही थी। बच्चे कार्टून देखने में व्यस्त थे। हम दोनों के बीच एक बहस के दौरान उत्तेजनात्मक शब्दों को सुनकर मेरा लड़का यह देखने आया कि हम क्या कर रहे थे? मैं 'ज' से एक शब्द के शुरुआत को लेकर सोच में डूबी थी कि मेरे लड़के ने मेरी मदद की। 'यह सही नहीं है' कहकर मेरे पति चिल्लाए। यह सुनकर मेरी बिटिया अपने पापा की मदद करने वहां आई और देखते ही देखते हम चारों उस खेल की गहराई में डूब गए। 'शब्द' के उस विवाद को दूर करने के लिए शब्दकोश मंगाया गया। अब मेरे बच्चों को 'कार्टून शो' की अपेक्षा ऐसे संघर्षमय खेल ज्यादा पसंद आते हैं।

ऐसे खेल बच्चों की एकाग्रता, तुरंत निर्णय लेने की क्षमता एवं प्रतियोगी भावना के विकास में सहायक होते हैं। यहां मैं अलग-अलग उम्र के बच्चों के लिए कुछ सही खेलों के बारे में सलाह देना चाहूंगी :

0 से 2 वर्ष – झुनझुना, मुलायम खिलौने, मोबाइल, मुलायम गेंद, संगीत वाले खिलौने।

2 से 5 वर्ष – पजल्स, बिल्डिंग ब्लाक्स, गुड़िया, गुड़िया घर, किचेन सेट्स, कार या ट्रेन सेट्स, बैटबॉल, प्लास्टिसीन, क्रेयॉन्स।

6 से 12 वर्ष – बोर्ड गेम्स, बैडमिंटन, टेनिस, शतरंज, मेकैनो, कारपेन्ट्री सेट, बागवानी किट, कढ़ाई का सामान, कैरम, पेन्टिंग कलर्स और संगीत इंस्ट्रूमेंट्स।

13 से 18 वर्ष – बड़े बच्चों के खेल का सामान, संगीत के वाद्य, बिजली से चलने वाले यंत्र और 'हॉबी' किट्स जैसे केमिस्ट्री सेट या इलेक्ट्रिकल गजट सेट, पजल बुक्स आदि।

7. सबके लिए निष्पक्ष रहें

घर पर बच्चों के प्रति पूरी तरह से स्वच्छ और निष्पक्ष रहने की कोशिश करें, बिना किसी उम्र अथवा लिंग भेदभाव के। हममें से ज्यादातर लोग जोर लगाकर यह कहते हैं कि हम लड़कियों और लड़कों के साथ समान व्यवहार करते हैं, लेकिन दिमाग के किसी कोने में कभी-कभी हम दोनों के लिए अलग-अलग नियम लागू करते हैं। मार-पिटाई, लड़ाई-झगड़े, छेड़खानी, एक-दूसरे को धक्का मारना आदि लड़के के बड़े होने को दर्शाता है, लेकिन लड़कियां जब ऐसा व्यवहार करती हैं तो उन्हें हतोत्साहित किया जाता है। लड़कियां इस विभेदीकरण को कुछ समय तक बर्दाश्त कर सकती हैं, लेकिन बाद में वे निश्चित ही आपसे प्रश्न व बहस करेंगी। जैसे–

"मुझे ही शाम को 7 बजे तक घर क्यों रहना है, जबकि भैया रात को 10 बजे तक बाहर रह सकता है।" "मुझे कम और भैया को ज्यादा जेब-खर्च क्यों मिले?" ये प्रश्न बहुत ही मर्माहत करने वाले हो सकते हैं, विशेषकर बच्चे जब उसी उम्र के हों। यदि माता-पिता महसूस करते हैं कि उनके कार्य का निर्णय सही है, तो उन्हें ऐसा करने के कारणों को समझाना चाहिए। एक सही व्याख्या निस्संदेह कारणों को सरल बना सकेगी और अनावश्यक इन बातों का सामना करने से बचा जा सकता है। इसलिए निष्पक्ष और अपक्षपाती रहने का प्रयास करें।

8. एक व्यापक माहौल बनाएं

बच्चों के लिए संयुक्त परिवार एक उत्कृष्ट माहौल प्रदान करता है। दादा-दादी, चाचा-चाची भी उनके माता-पिता को मदद करते हैं। जरूरत के समय वे भावनात्मक मदद प्रदान करते हैं। बच्चे का अलग-अलग उम्र के कई लोगों से संबंध स्थापित होता है। बच्चे अपने दादा-दादी से कहानियां सुनना पसंद करते हैं। उन्हें अपने बड़ों से नई-नई चीजें सीखने का मौका मिलता है।

आप उन्हें सामुदायिक गतिविधियों में नामांकित कर सकते हैं, जैसे–स्काउटिंग, ट्रेकिंग, थियेटर और अन्य। उनके हमउम्र के बच्चों के साथ संबंध स्थापित करना, जहां वे सारे कार्य करते हैं, खेलते हैं, खाते हैं, पढ़ते हैं और साथ में सोते हैं; वह उन्हें आत्मनिर्भर बनाकर अपनी जिम्मेदारियों से अवगत कराएगा।

उन्हें किताबों की दुनिया से परिचित करवाएं। वह कभी अकेलापन या उदासीनता नहीं महसूस करेगा। किताबें व्यक्ति की सबसे अच्छी दोस्त होती हैं, जो उनका साथ कभी नहीं छोड़तीं। उन्हें कल्पित अथवा अकल्पित कथा-साहित्य पढ़ने को दें। समाचार-पत्र पढ़ना हर व्यक्ति के लिए आवश्यक होता है। छः वर्ष की उम्र से बच्चों को मुख्य समाचार पढ़ाए जा सकते हैं। इससे वह स्वतः पढ़ने की प्रक्रिया शुरू करेगा।

9. विभिन्न प्रकार से प्रोत्साहन देना

कभी-कभी बच्चे एक ही प्रकार की गतिविधि करने से नीरस महसूस करते हैं, जैसे—मकान के खंड बनाना, पेंटिंग या और भी कुछ। तनाव के समय में वे अपने गुस्से को रंग या पेंट को बिखराकर या फेंककर अभिव्यक्त कर सकते हैं। वे अपना गुस्सा दूसरे बच्चों पर उतार सकते हैं, यहां तक कि वयस्कों पर भी। स्वतः के आक्रामक लक्षणों में, जैसे—खुद के बाल खींचना या दीवार पर घूंसा मारना, ये स्कूल जाने से पहले वाले बच्चों में कई बार देखने में आते हैं। स्कूल जाने वाले बच्चे का, किसी भी एक वस्तु पर ध्यान देने का समय 30 मिनट या उससे कम होता है। अगर उसे वही गतिविधि लगातार करने के लिए बाध्य किया जाएगा, तो उसके प्रति लगाव कम हो जाएगा। गतिविधि में समय-समय पर बदलाव, बच्चे में ताजगी व शक्ति प्रदान करने के लिए आवश्यक होता है। पढ़कर, संगीत सुनना और टहलने जाना एक अच्छा विचार होता है। यदि वही गतिविधि लंबे समय तक चलानी है, तो यह अच्छा होगा कि बीच-बीच में छोटे अंतराल दिए जाएं। मान लीजिए, उसे गणित के 30 सवाल एक दिन में करने हैं, तो वह 10 सवालों के बाद रुक सकता है, और उसे एक ग्लास नीबू शरबत दें; बीस सवालों के बाद वह अपने मित्रों से फोन अथवा अन्य तरीकों से बात कर सकता है। कार्य चुटकियों में ही पूरा हो जाएगा।

10. सही लक्ष्य चुनें

बच्चों के लिए ऐसे लक्ष्य चुनें, जो उनकी आवश्यकताओं को संतोष दिला सकें और उनकी पहुंच के अंदर हों। यह सलाह देने योग्य है कि बॉस्केटबाल के जाल को शुरू में थोड़ा नीचे लटकाएं और जैसे-जैसे बच्चा बड़ा होता जाता है, इसकी ऊंचाई को बढ़ाते जाएं।

मैंने माता-पिता में ऐसी उमंग भी देखी है कि वे पहली बार में ही 2 वर्ष के बच्चे से पढ़ाई के दौरान लिखवाना चाहते हैं। जबकि इस उम्र का बच्चा शारीरिक तौर से इतना भी परिपक्व नहीं होता कि वह पेंसिल ठीक से पकड़ सके। ज्यादातर वह अपनी पेंसिल को हथेली में पकड़ता है। इस स्तर पर एक या दो कविताओं को उच्चारित करना आशा के अनुरूप माना जा सकता है।

यदि एक दस वर्ष के बच्चे को लंबी कविता याद करनी है, तो यह अच्छा होता है कि इसको पांच भागों में बांट दिया जाए। प्रत्येक दिन बच्चा एक भाग याद कर सकता है और सप्ताह के अंत तक उसे पूरी कविता याद हो जाएगी। ठीक इसी तरह, एक छोटे बच्चे को सारे रंगों को सिखाना एक बार में असंभव होता है। इसलिए सप्ताह में एक ही रंग बच्चे को सिखाएं। मान लीजिए उसे 'लाल' रंग सिखाना है, तो पूरे सप्ताह उसे लाल रंग की वस्तुओं के बारे में बताया जाना चाहिए, ताकि लाल रंग के बारे में उसकी अवधारणा दिमाग में ठीक से बैठ जाए। अगले सप्ताह अगला रंग 'पीला', लिया जा सकता है और इस तरह से अन्य।

भविष्य के लक्ष्य बच्चे की प्रतिभा, लगन, क्षमता एवं योग्यता के अनुसार चुने जाने चाहिए। एक कक्षा के सारे चालीस बच्चे कंप्यूटर इंजीनियर या डॉक्टर नहीं बन सकते। अपने बच्चे की शक्ति को नापिये। जैसे-जैसे बच्चा बड़ा होता है, वह अपनी पसंद का लक्ष्य चुनना चाहता है; जो आपके चुने हुए लक्ष्य से अलग हो सकता है। उसके चुने हुए लक्ष्य को स्वीकार करें और उसकी उपलब्धि में मदद करें। यदि किसी कारण से लक्ष्य की प्राप्ति नहीं हो पाती है, तो बच्चे को निराश न करें। उसे ध्यान दिलाएं कि कमी कहां रह गई है।

माता-पिता द्वारा निर्धारित उद्देश्य प्राप्ति की तुलना में, व्यक्तिगत चुनी गई दिशा का स्वतः के संतोष के लिए ज्यादा महत्त्व है। याद रखिये, यदि व्यक्ति विशेष उद्देश्य की प्राप्ति नहीं करता है, तो यह तनाव पैदा करती है और यह तनाव स्वयं अथवा दूसरों को प्रभावित कर सकता है। ऐसे समय में माता-पिता को अपने बच्चों की मदद करने की आवश्यकता होती है।

वे उनकी भावनाओं को सुनें और उन्हें सहानुभूति प्रदान करें। असफलता व्यक्ति को मानसिक और भावनात्मक तरीके से कमजोर बनाती है। ऐसे क्षणों में माता-पिता को अपने बच्चे के साथ खड़ा होना चाहिए, उसे दोबारा प्रयास के लिए उत्साहित करना चाहिए और उसे दिल से कमजोर न होने के लिए कहना चाहिए।

11. घर में सुव्यवस्था बनाएं

हर व्यक्ति स्वच्छ और साफ घर की प्रशंसा करता है। प्रत्येक वस्तु घर में सही स्थान पर रखी जानी चाहिए। रख-रखाव की व्यवस्था साधारण पहुंच के अंदर होनी चाहिए। ऐसा करने से आपको एक घर को व्यवस्थित रूप से चलाना आसान होगा तथा एक बच्चे के लिए भी आसान और सुरक्षित होगा। अगर चीजें सही स्थान पर नहीं रखी गई हैं, तो वे खो सकती हैं, बर्बाद हो सकती हैं अथवा दुर्घटना का कारण बन सकती हैं।

ज्यादातर घरों में, स्कूल से पहुंचने के दस मिनट बाद ही बच्चे घर को ऊपर का नीचे कर देते हैं, जूते और पानी की बोतल एक कोने में फेंक दी जाती है, स्कूल बैग दूसरे कोने में; स्कूल वर्दी पूरे घर में फैला दी जाती है और बच्चे टी.वी. देखते हुए दोपहर का भोजन करते हैं। जीवन कितना आसान होता यदि बच्चों को सही स्थान पर वस्तुएं रखने की बात बताई गई होती। वर्दी को लांड्री में धोने के लिए, जूतों को जूते के खाने में, स्कूल बैग को मेज पर और अन्य भी इसी तरीके से। कमरे की सफाई, झाड़ू और पोंचा नित्य होना चाहिए। यह भी आवश्यक है कि हम फालतू सामान को इकट्ठा करने से बचें। मैं सोचती हूं कि हम भारतीय सबसे अधिक कबाड़ भरते हैं। एक अव्यवस्थित घर हमारी कार्य-क्षमता को घटाता है।

घर को साफ और व्यवस्थित रखने में परिवार के प्रत्येक सदस्य को सक्रिय भूमिका निभानी चाहिए। ये आदत बच्चों में छोटी उम्र से ही डाली जानी चाहिए। एक रात में उन्हें ये चीजें नहीं पढ़ाई जा सकतीं। यह एक बार का कार्य नहीं है, बल्कि यह लगातार चलने वाली प्रक्रिया है। अच्छी आदतों को प्रोत्साहित किया जाना चाहिए और बुरी आदतों को हटाया जाना चाहिए।

बच्चों की वस्तुओं को क्रमबद्ध तरीके से कैसे व्यवस्थित स्थान पर रखा जा सकता है, नीचे समझाया गया है :

छोटे बच्चे

झुनझुने, गेंद एवं खिलौनों को प्लास्टिक टब, बाल्टी या बॉस्केट में रखें।

2 से 5 वर्ष के बच्चे

उनके पजल, बोर्ड गेम, कहानी की किताबें, पेंट व अन्य वस्तुएं अलमारी अथवा खानों में रखी जानी चाहिए। अलमारी के खाने बहुत ऊंचे तथा पहुंच से दूर वाले स्थान पर नहीं होने चाहिए।

5 से 12 वर्ष के बच्चे

वे अपनी अलग-अलग मेज, अलग-अलग खानों के साथ रख सकते हैं, जिनमें वे अपनी पाठ्य-पुस्तक, नोट-बुक व पेंटिंग के सामान व्यवस्थित कर सकते हैं। मेज के साथ-साथ उन्हें अपने खेल के सामान रखने हेतु अलग से जगह भी चाहिए।

किशोरावस्था के बच्चे

एक बड़े मेज के साथ-साथ (जहां कंप्यूटर को भी रखा जा सके) संगीत यंत्रों के लिए किताबों व अन्य के लिए स्थान होना चाहिए।

सभी भंडारण स्थान आसानी से पहुंचने लायक होने चाहिए। बच्चे को वस्तुओं को हटाने अथवा रखने में किसी प्रकार की परेशानी नहीं होनी चाहिए।

कपड़े की अलमारी में स्कूल की वर्दी एक तरफ और दूसरे कपड़े दूसरी तरफ रखने से व्यवस्थित करने में आसानी होती है। खानों के अंदर मोजे व रूमाल रखे जा सकते हैं। अंदर के कपड़े व सोने के समय पहनने वाले कपड़े दूसरे खाने में रखे जा सकते हैं। गंदे कपड़ों के लिए स्नानघर में एक लांड्री बैग या बाल्टी रखी जा सकती है। महीने में एक या दो बार चीजों को व्यवस्थित क्रम में लगाने के लिए आपको हाथ लगाना पड़ सकता है।

12. अपने बच्चों के साथ खेलें

हममें से कितने लोगों ने वास्तव में अपने बच्चों के साथ कभी खेला है? खोए हुए दिमाग से पांसा खेलना या गेंद को उछालना, जब कार्यालय के काम दिमाग पर हावी हों, नहीं गिना जाता। अपने बच्चों के साथ अवश्य खेलें। बच्चों के साथ व्यतीत किया गया समय कभी बेकार नहीं जाता।

अपने बच्चों के साथ गुजारे हुए समय का आनंद लें। शायद यह मौका आपको दोबारा न मिले।

अपना दिमाग खाली कर अपनी समस्याओं को बगल में रखें। अपना ध्यान बच्चे पर पूरी तरह से केंद्रित करें और दिखाएं कि आप उसका ख्याल रखते हैं। बच्चों को आपके ध्यान देने की आवश्यकता है। कभी-कभी वे दुर्व्यवहार करते हैं, मात्र आपको आकर्षित करने के लिए। यह दृश्य प्रायः छोटे भाई या बहन के पैदा होने पर देखने को मिलता है। बड़े बच्चे ध्यान न देने के कारण ईर्ष्या महसूस करते हैं। अपने बच्चे के साथ समय बिताकर आप उसे बता रहे होते हैं कि आप

उसे प्यार करते हैं और आपके लिए वह महत्त्वपूर्ण है। बच्चों के साथ खेलना स्वास्थ्य, दिमाग व शरीर को पुष्टता प्रदान करता है। यह आपको उसकी प्रतिभा व गुणवत्ता को पहचानने में मदद करता है। कुछ निम्न खेल बच्चों के साथ खेलने का प्रयास करें, देखिये वे कैसे बदलाव लाते हैं?

छोटे बच्चे

1. झा करके झांकना, चुन्नी या पल्लू के पीछे छुपना।
2. वस्तुएं बनाकर दिखाना और गायब करना।
3. ताली बजाना, तरह-तरह की आवाज निकालना।

2 से 5 वर्ष के बच्चे

1. साधारण बोर्ड के खेल जैसे–लूडो।
2. गेंद के साथ खेलना।
3. एक्टिंग का खेल खेलना जैसे–रोगी-डॉक्टर, छात्र-अध्यापक आदि।

5 से 12 वर्ष के बच्चे

1. एक केक पकाना।
2. बाल-वृक्ष लगाना।
3. चित्रकारिता बनाकर खेलना।
4. चेस्स खेलना।

किशोरावस्था के बच्चे

1. साथ-साथ जॉगिंग (मंद गति से आगे बढ़ना) करना।
2. आड़े-तिरछे शब्दों को सुलझाना।
3. नाचना या गाना।
4. पर्वतारोहण के लिए साथ जाना व दूसरे अभियानों के लिए शिविर लगाना।

अपने बच्चे के साथ समय बिताना, आपके लिए आराम करने का एक अच्छा तरीका है। वस्तुतः यह वही समय होता है, जब आप उसके बारे में अच्छी प्रकार से जान पाते हैं।

13. प्रशंसा करने में कंजूसी न करें

प्रशंसा एक बहुत ही प्रभावी माध्यम है। यह आश्चर्यजनक नतीजे दिखा सकती है। एक बच्चा जो अपने बारे में अच्छा महसूस करता है, उसके सफल होने की ज्यादा उम्मीद होती है, उसकी अपेक्षा जो कि नहीं महसूस करता है। स्वाभिमान का प्रशिक्षण देना एक बच्चे के अच्छे प्रदर्शन के लिए मुख्य प्रेरणा तत्त्व है। लेकिन स्वाभिमान की भावना एक दिन में नहीं बनाई जाती; इस पर प्रतिक्षण, प्रतिदिन ध्यान रखा जाना चाहिए।

याद रखें, प्रशंसा का मतलब चापलूसी नहीं होता। एक बच्चा भी झूठी प्रशंसा को पकड़ने में तेज होता है। ऐसे समय पर प्रशंसा करना, जबकि सब कुछ गलत हो रहा हो, सचमुच मुश्किल है। प्रशंसा बच्चे के मनोबल को प्रोत्साहित करती है। यदि वह असफल भी हो गया है, तो यह उसको दोबारा प्रयास करने के लिए प्रोत्साहित करती है और यह दर्शाती है कि उसके माता-पिता उसमें विश्वास रखते हैं। यह उनको अच्छे नतीजे की प्राप्ति के लिए उत्साहित करती है।

मेरा लड़का बहुत उत्साहित था जब वह अपने स्कूल की क्रिकेट टीम में चुना गया। न तो उसने एक रन बनाया और न ही गेंद फेंकी; इस बात को लेकर वह हतोत्साहित था। मैं स्कूल टीम छोड़ने जा रहा हूं, उसने निराश भाव में यह उद्घोषणा कर दी।

पर मैंने कहा कि तुम्हारे दोस्त पुल्कित से सुना है कि तुमने 'मिड ऑन' पर एक बहुत बढ़िया कैच लपका। तुम निश्चित ही 'जॉन्टी रॉड्स' के रास्ते पर चल रहे हो। मैं विश्वास से कह सकती हूं कि यदि तुम ज्यादा अभ्यास करो, तो तुम्हारा बल्लेबाजी क्रम भी उन्नत होगा। मैंने उत्साहित करते हुए उसकी प्रशंसा की। अब मेरा लड़का अगले बल्लेबाजी प्रशिक्षण सत्र की तरफ अपना ध्यान दे रहा है।

14. बचपन से ही बच्चे को सिखाने का प्रयास करें

"अब समय है तुम्हारे खिलौने उठाने का, खिलौने उठाओ, खिलौने उठाओ"– मेरी बहन ने गाया। मुझे आश्चर्य हुआ कि उसकी डेढ़ साल की लड़की ने कमरे में बिखरे हुए सारे खिलौनों को एकत्रित कर उन्हें खिलौनों की टोकरी में डाल दिया। "अब समय है अपने हाथों को धोने का, हाथों को धोने का, हाथों को धोने का।" बच्ची ने उल्लासपूर्वक छोटे से हौज में अपना हाथ धोया। डेढ़ साल की उम्र की बच्ची को प्रशिक्षित करने का समय बहुत जल्दी हो सकता है, पर मेरा विश्वास

करें, बच्चे इस उम्र में भी साधारण आदेश समझते हैं। छोटे-छोटे कामों को खेल के रूप में सिखाकर आप उन्हें कुछ मिनटों में ही करा सकते हैं।

सही मौकों पर इस उम्र के बच्चों को 'क्षमा करें', 'धन्यवाद', 'क्या मैं?' जैसे शब्द सिखाए जाने चाहिए। ये सब आदत सुधारने के तरीके हैं। ऐसे शब्द समय-समय पर उनके सामने बोले जाएं।

15. विश्वास का वातावरण बनाएं

घर पर वातावरण आरामदायक होना चाहिए। बच्चे को महसूस होना चाहिए कि उसके माता-पिता हमेशा उसके लिए उसके साथ हैं। उसे उनकी मदद और सुरक्षा महसूस होनी चाहिए और जब अपनी छोटी समस्याओं के लिए वह अपने माता-पिता के पास आए तो खुला महसूस करे।

मेरी सहेली की तेरह वर्ष की बच्ची पिछले दो-तीन दिनों से बहुत परेशान व दुःखी थी। शाम को जब मां और बेटी अकेले थे, तो मां ने उससे प्यार से बात की। वह फूट-फूट कर रो पड़ी। ''मम्मी, जब दूसरे दिन मैं ट्यूशन कक्षा से घर आ रही थी, तो एक लड़का मेरे वक्षस्थल को दबाकर भाग गया। यह इतनी जल्दी में हुआ कि मैं कुछ नहीं कर सकी। मेरे साथ कहीं कुछ खराब तो नहीं होने जा रहा? उसकी मां ने उसे समझाया और संसार के तौर-तरीकों के बारे में बताया। उसने उसको बताया कि वह कैसे लोगों के खराब इरादों को विफल कर सकती है और किसी अनहोनी से बच सकती है।

मेरा पंद्रह साल का भतीजा सप्ताह में एक दिन देरी से आता था–स्कूल में अतिरिक्त कक्षाओं का बहाना करके जैसे ही वह घर आता, मेरी बहन उसे बड़े लाड़-प्यार से पौष्टिक चीजें खाने को देती और गर्म दूध पीने को देती। एक ऐसे ही दिन वह मेरी बहन से लिपटकर बोला, ''मां, मुझे माफ कर दो। मैं अपने दोस्तों के साथ सिनेमा देखने जाता था। मैं अतिरिक्त कक्षाओं में नहीं जाता था। तुम्हारा मेरे ऊपर पूरा विश्वास है। मैं तुम्हें धोखा नहीं दे सकता। भविष्य में मैं तुम्हें हमेशा ईमानदारी से बताऊंगा कि मैं कहां जा रहा हूं?''

16. संबद्ध सूचनाएं दें

मैं एक बस में ग्यारह वर्ष की दो बच्चियों के पीछे बैठी हुई थी और उनकी बातों को अनसुना नहीं कर सकी। एक लड़की दूसरी से कह रही थी, ''मैं बहुत डरी

महसूस कर रही हूं। मुझे लगता है कि मुझे किसी तरीके का कैंसर हो गया है। किसी को बताना मत, पिछले दो दिनों से मैं अपने जांघिये में खून के धब्बे देख रही हूं। मुझे असह्य पेट की पीड़ा हो रही हैं। इसके बारे में मैंने किसी को बताया नहीं है। मुझे क्या करना चाहिए? बच्ची अनावश्यक डर से अपने आपको संतापित कर रही थी। उसकी माता को उसे मासिक धर्म के बारे में बताना चाहिए था।

आज भी भारतीय माता-पिता स्वाभाविक, शारीरिक विकास और शरीर के बारे में अपने बच्चों से बात करने में झिझकते हैं। जब एक लड़की दस या ग्यारह वर्ष की हो, तो उसे शारीरिक बदलाव के बारे में बताने का उचित समय होता है। आप एक अच्छी किताब की मदद ले सकते हैं, जिसमें चित्र बनाकर दिखाया गया हो। उसे विस्तार से मासिक धर्म, वक्षस्थल विकास, यौवनारंभ के बाल आदि के बारे में बताया जाना चाहिए। ठीक उसी प्रकार एक तेरह या चौदह वर्ष के लड़के को मुख के बाल, आवाज में बदलाव आदि के बारे में जानकारी उपलब्ध कराई जानी चाहिए।

यह अच्छा होता है कि बच्चे विश्वसनीय स्रोत के द्वारा सही और पूरी सूचना प्राप्त करें, जैसे–अध्यापक, माता-पिता। कई अविश्वसनीय स्रोत, मित्र, पत्रिकाएं या इंटरनेट इनकी गलत व अपूर्ण जानकारी देते हैं।

जब किशोरावस्था के लड़के या लड़की को यह पहले ही बता दिया जाता है कि उसके शरीर में कौन से बदलाव होने जा रहे हैं, तो वे उन्हें सहर्ष स्वीकार करते हैं और घबराहट अथवा संदेह की बजाय गर्व की अनुभूति करते हैं।

17. बच्चे एकांत चाहते हैं

यह अत्यावश्यक है कि माता-पिता बच्चे की गतिविधियों पर नजर बनाए रखें, लेकिन इसका मतलब यह नहीं कि हमेशा पीछे पड़े रहें, विशेषकर किशोरावस्था के बच्चों पर। उनके लिए समय अवधि निश्चित करें। चौबीस घंटे संरक्षण आवश्यक नहीं है। वस्तुतः इस प्रकार की निगरानी से वे चिड़चिड़े हो जाते हैं।

मेरी पंद्रह वर्ष की भतीजी के पास उसके लिए एक अलग कमरा है। वह कहती है कि यदि एक घंटे के लिए भी वह उसे बंद करती है, तो उसकी मां व्यग्र हो जाती है। "ईमानदारी से चाची, मुझे नहीं पता, मां मेरे बारे में क्या सोचती है कि मैं क्या कर रही हूं? आप तो जानती हैं कि मैं कपड़े पर कढ़ाई करने में बहुत रुचि रखती हूं। मैं डिजाइनदार अलग-अलग कपड़े पहनती हूं, केश सज्जा

करती हूं और मां मेरे व्यवहार को नहीं समझती है। एक घंटे के लिए जो कुछ मैं अपने कमरे में करना चाहती हूं, क्या इतना करने के लिए मैं बड़ी नहीं हूं?

एकांत यौन विकास का एक महत्त्वपूर्ण पहलू है। किशोरावस्था में शरीर के साथ आकर्षण सामान्य है। वे अपने स्वरूप को लेकर काफी जागरूक होते हैं। एक बच्चे या बच्ची में हो रहे शारीरिक बदलाव को लेकर आप कभी भी उसे न चिढ़ाएं अथवा उसका उपहास उड़ाएं।

कभी भी किशोरावस्था के बच्चों से उनके मिनट दर मिनट गतिविधियों के बारे में न पूछें। उन पर विश्वास करें, पर साथ ही उनके व्यवहार में किसी भी प्रकार के अवांछनीय बदलाव के प्रति सतर्क भी रहें।

18. प्रत्यक्ष सबूत दें

किशोरावस्था के बच्चों को किसी भी प्रकार के धूम्रपान, मद्यपान अथवा नशे के खतरे से सतर्क रखना चाहिए। उन्हें स्वछंद संभोग के खतरे के बारे में भी चेतावनी दी जानी चाहिए। अविवेकी यौन संबंध किसी दुर्घटना का कारण बन सकता है, जो दिमाग और शरीर दोनों को प्रभावित करता है। किशोरावस्था के बच्चों को एड्स एवं यौन संबंधों से पैदा होने वाली अन्य बीमारियों के बारे में भी जानकारी दी जानी चाहिए।

किशोरावस्था के बच्चे इन विषयों के बारे में जानकारी रखते हैं, लेकिन प्रायः अधपके तथ्य गलत व संदेह पैदा करने वाले हो सकते हैं। माता-पिता अनेक प्रकार से उनकी मदद कर सकते हैं, समाचार-पत्रों एवं स्वास्थ्य पत्रिकाओं में लेखों पर निशान लगाकर अथवा महत्त्वपूर्ण पंक्तियों को रेखांकित करें, जो इन विषयों से संबद्ध होती हैं। उदाहरण के तौर पर "प्रत्येक सिगरेट जो आप पीते हैं, वह पांच मिनट आपकी आयु कम करती है। स्वास्थ्य को चुनें, बीमारी को नहीं, पीना छोड़ें, धूम्रपान बंद करें, फेफड़ों पर प्रभाव पड़ता है और अन्य भी...।"

विश्व एड्स दिवस या धूम्रपान निषेध दिवस के दिन धूम्रपान, दवा, मद्यपान के कुप्रभावों पर बच्चों को वाद-विवाद, बहस, संगोष्ठी एवं चित्रकला प्रतियोगिता में भाग लेने के लिए तैयार करें। बच्चे सूचनाएं अच्छे तरीके से प्राप्त करते हैं, अगर उनके समकक्ष के साथ बांटें।

विशेषज्ञों द्वारा इन विषयों पर की गई वार्ता को सुनें। आधे घंटे के कार्यक्रम के माध्यम से अगर वह एक भी सूचना पंजीकृत करने में सक्षम होता है, तो मानिए कि आप अपने उद्देश्य में सफल हो गए।

लोगों के जीवन का उदाहरण दें। अगर आपके किसी मित्र, परिचित, पड़ोसी या रिश्तेदार का कभी इन परेशानियों से स्वास्थ्य बीमारग्रस्त रहा है, तो इनके बारे में किशोरावस्था के बच्चों को बताएं। इन्हें साधारण रूप से व्याख्यायित करें। जैसे–

"क्या तुम जानते हो, शर्मा चाचा का यकृत (लिवर) 50% क्षतिग्रस्त हो चुका है? वह दिन में दो बार शराब पीते हैं। अब चिकित्सक ने उन्हें पूर्ण रूप से पीने से मना कर दिया है।" और "क्या तुमने अरोड़ाजी को लगातार हो रही खांसी की तरफ ध्यान दिया है? वह पिछले पांच वर्षों से लगातार धूम्रपान करते आ रहे हैं," और अन्य ऐसे उदाहरण...।

किशोरावस्था के बच्चों के यौन-संबंधों पर किए गए सर्वेक्षण और अध्ययन के आधार पर पुख्ता सबूत दिखाए गए हैं कि असुरक्षित यौन संबंध माता और बच्चे दोनों के लिए हानिकारक होते हैं।

हिन्दू धर्मग्रंथों के अनुसार मनुष्य के जीवन को चार 'वर्णों' (श्रेणी) में विभक्त किया गया है। जन्म से लेकर पच्चीस वर्ष की उम्र तक पहली श्रेणी है–'ब्रह्मचर्य।' यह समय सीखने का होता है, समाज में स्थान बनाने और कमाने का होता है। अन्य कोई गतिविधि आपको अपने उद्देश्य से भटकाती (दूर हटाती) है। किशोरावस्था के बच्चों को यह साधारण तरीके से समझाने का प्रयास करें कि सुख देने वाले संसार के भोगों को पीछे रखें, जब तक कि मंजिल हासिल नहीं हो जाती है।

19. नकारात्मक सोच को सकारात्मक की ओर मोड़ें

एक बच्चा हमेशा आदर्शवादी होता है। वह हर चीज को सुंदर और सही होने की उम्मीद रखता है। जैसे-जैसे वह बड़ा होता है; समाज में बदसूरती, अन्याय और गलती देखता है। इससे वह तनावग्रस्त, संदेहप्रद और निर्मोही होता है। एक किशोर गुस्सा महसूस कर सकता है अथवा कटु स्वभाव वाला हो सकता है।

वह महसूस कर सकता है, "मैं बदसूरत हूं" या "प्रत्येक व्यक्ति परीक्षा में नकल करता है" या "कड़ी मेहनत का कभी फल नहीं मिलता", "गणित मेरे पीछे पड़ी है" या यहां तक कि "क्यों मेहनत करें, तीसरा विश्वयुद्ध कभी भी हो सकता है, इसलिए बचे हुए समय का मुझे आनंद लेना चाहिए।" इस प्रकार की नकारात्मक सोच सकारात्मक सोच में बदली जानी चाहिए।

उससे बात करें। प्रश्नों का खुलकर जवाब दें, विचारों की छानबीन करें, उपहास न उड़ाएं और उसे सकारात्मक विशेषताओं की सूची बनाने के लिए कहें। चीजों

पर उससे बात करें। उसके मन में आप सकारात्मक सोच बैठा सकते हैं, उसको यह कहकर, ''जब तुम मुस्कराते हो, तो बहुत सुंदर दिखते हो।'' या ''वे जो नकल करते हैं, कभी उन्नति नहीं करते, अस्थायी रूप से वे सफलता पा सकते हैं'' या ''मेहनत हमेशा रंग लाती है'', ''तुम अपनी गणित अच्छी कर सकते हो, अगर तुम्हें कुछ मदद मिले और इस पर नित्य अभ्यास करो'', ''तीसरे विश्वयुद्ध में समय लगेगा, इस बीच बोर्ड की परीक्षा के लिए तैयारी करो।''

20. बच्चों की जगह अपने आपको रख कर सोचें

आप महसूस कर सकते हैं कि आधुनिक सुख-सुविधाओं के साथ आपके बच्चे का जीवन, आपके जीवन की तुलना में आसान है। अपने बचपन का एक दिन याद करें आपकी दिनचर्या थी स्कूल जाना, बाकी दिन स्वतंत्र रूप से खेलना। उनकी दिनचर्या में स्कूल, गृह कार्य, ट्यूशन-टेलीविजन-पढ़ाई-पढ़ाई... और बहुत पढ़ाई। उनके ऊपर अत्यधिक दबाव को महसूस करें।

खत्म न हो सकने वाला पाठ्यक्रम, तीव्र प्रतियोगिता, नियत कार्य के लिए अंतिम तिथि मिलना और उसी समय पाठ्येतर गतिविधियों में उत्कृष्टता प्रदान करना।

परिवारों में जहां कई बच्चे होते थे, अब एक या दो बच्चे तक ही सीमित हो गए हैं। सभी पैतृक आकांक्षाएं एक या दो पर टिकी हुई हैं। मैंने देखा है कि जब परीक्षा के उत्तर जांच के बाद बांटे जा रहे होते हैं, तो वे अधीर हो उठते हैं। अध्यापकों पर दबाव डाला जाता है और उन्हें अंक बढ़ाने के लिए फुसलाया जाता है। आधे अंक के लिए भी युद्ध होता है। आप देखें, बच्चों को अपने माता-पिता को जवाब देना होता है। माता-पिता उनके अंकों की तुलना उनके साथ के बच्चों से करते हैं। अगर उनका अंक अपने साथियों से थोड़ा भी कम है, तो उन्हें डांट, चिल्लाहट और दंड का सामना करना पड़ता है। एक कोमल हृदय के बच्चे को सदमा पहुंच सकता है। अगली बार उसका प्रदर्शन घबराहट पूर्ण होगा तथा इसके कारण उसे और खराब अंक प्राप्त हो सकते हैं।

एक परेशानी को हाथ में लेने से पहले, ज्यादा अच्छा विचार यह होता है कि हम बच्चे की भावनाओं का मूल्यांकन करें। क्या वह थका है, दिमाग परेशान है या उस पर ध्यान नहीं दिया गया है? हर एक परिस्थिति में अलग-अलग प्रकार से मूल्यांकन किया जाना चाहिए।

21. बच्चों के दोस्तों का चुनाव ध्यानपूर्वक करें

जैसे ही बच्चा किशोरावस्था में प्रवेश करता है, माता-पिता के साथ उसका संबंध ढीला पड़ने लगता है और धीरे-धीरे वह स्वतंत्र होने लगता है। अपनी परेशानियों को माता-पिता के साथ बांटने में उसे परेशानी हो सकती है। उसे महसूस हो सकता है कि उसके माता-पिता 'पुरानी परंपरा' के हैं या उनमें एक वंशानुगत अंतराल (generation gap) है।

उसके दोस्त उसी की भाषा में बात करते हैं। वे उसी वेश-भूषा, सनक और संगीत का आनंद लेते और बांटते हैं। वह अपने साथियों की मदद व स्वीकृति चाहता है। अगर एक किशोरावस्था का बच्चा घर से तिरस्कृत किया जाता है, तो वह अपने साथियों के समूह की तरफ ही धकेला जाता है।

उसके मित्रों का मूल्यांकन करते समय एक बड़ी सतर्कता का अभ्यास किया जाना चाहिए। एक रास्ता है, उन सबको घर पर आमंत्रित करना। उन्हें देखें, उनसे बात करें और अलग-अलग चीजों के बारे में उनके विचार जानें। स्कूल या कॉलेज से बच्चे के वापस आने के बाद सामान्य तौर पर उससे बात करने पर भी उसके दोस्तों के बारे में बहुत सारी सूचनाएं मिलेंगी। अगर आप पाते हैं कि आपके बच्चे के दोस्त धूम्रपान, नशाखोरी, धोखेबाजी, छेड़खानी या इस प्रकार की किसी अन्य गतिविधि में शामिल हैं, तो यह समय हस्तक्षेप करने का होता है।

पहला चरण : हलकी चेतावनी इन पंक्तियों द्वारा होनी चाहिए– 'तुम्हें पता है कि तुम किन लोगों के साथ रहते हो? अगर कुछ गलत होता है, तो तुम्हारा पूरा समूह दोषी होगा। तब तुम निर्दोष होने की वकालत नहीं कर सकते या दूसरों पर दोष नहीं लगा सकते। पूरे समूह को दंड भोगना पड़ेगा।'

दूसरा चरण : खराब संगति के नुकसान की तरफ दर्शाया जाना चाहिए। कुछ किशोरावस्था के उदाहरण देकर बताएं, जो बुरी संगति के कारण सफलता पाने में असफल रहे। ये सारी चीजें बहुत ही ध्यानपूर्वक एवं कुशलतापूर्वक होनी चाहिए। मेरी एक सहेली ने अपने पंद्रह वर्ष के बच्चे को एक गलत दोस्त बनाने पर चेतावनी दी। बच्चे ने कुछ दिनों तक अपनी मां से बात करना बंद कर दिया और अपने दोस्त को नहीं छोड़ा। उसकी मां बहुत घबराई हुई थी। उसको मालूम नहीं पड़ रहा था कि क्या करना चाहिए? उसने अपने लड़के को कहा कि वह अपने दोस्त से मिल सकता है, बशर्ते कि वह उनके घर आए। यह उसके दोस्त को ठीक नहीं लगा। उसको किसी वयस्क द्वारा उसकी अश्लील गतिविधियों की छानबीन पसंद

नहीं थी। धीरे-धीरे उनकी दोस्ती कम होने लगी। बच्चे ने महसूस किया कि उसकी मां उसका भला चाहती थी और उसका दोस्त उसे दिग्भ्रमित कर रहा था।

22. बच्चे के शारीरिक व मानसिक बदलाव के प्रति सतर्क रहें

किशोरावस्था के बच्चों में अंतःस्राव का बढ़ना पूर्ण रूप से सामान्य होता है। जैसे सोने के तरीके में बदलाव, भूख की कमी, मित्रों से दूर हटना, क्रोधित रहना, भयावह रहना, स्व-विध्वंसात्मक व्यवहार और गलती में अभिभूत करने वाले बदलावों पर विशेष नजर रखी जानी चाहिए।

मनोचिकित्सक बताते हैं कि व्यक्तित्व में इस तरीके के बड़े बदलाव आत्महत्या के शुरुआती लक्षण हो सकते हैं।

ऐसे मामलों में तुरंत क्रिया की जानी चाहिए। बच्चे के परामर्शदाता से संपर्क किया जाना चाहिए। परामर्शदाता का हस्तक्षेप एक दुर्घटना को बचा सकता है। कभी-कभी अपरिपक्व दिमाग तिल का ताड़ बना देते हैं। उनके सभी संदेह और अनावश्यक डर को आराम में तब्दील किया जाना चाहिए। उनको बताया जाना चाहिए कि एक छोटी-सी असफलता से जीवन का अंत नहीं होता। आपको उनको समझाना चाहिए कि कड़ी मेहनत के बाद व्यक्ति शक्तिशाली बनकर उभरता है।

■■

क्या नहीं करना चाहिए ?

माता-पिता का अनुपयुक्त व्यवहार

1. बच्चे के गलत व्यवहार पर हंसना

मैं अपनी सहेली के घर गई थी। उसके डेढ़ साल के छोटे बच्चे ने अभी दो-चार आसान शब्द ही सीखे थे। वह अपने बच्चे की शब्दावली को दिखाने हेतु उत्सुक थी कि वह एक आसान सा सवाल पूछेगी और उसका बच्चा जवाब देगा। बच्चे की बातचीत बहुत मनोरंजक थी। उसने पूछा, ''पापा अपना गुस्सा कैसे दिखाते हैं?'' बच्चे ने आठ-दस गालियों के साथ बड़बड़ाना शुरू किया। माता-पिता जोर-जोर से हंसते हुए उसे ऐसे देख रहे थे, जैसे उन्हें उस पर बहुत गर्व हो। इसमें संदेह नहीं है कि एक निर्दोष बच्चे के मुंह से अश्लील शब्द गंदे नहीं लग रहे थे, लेकिन निश्चित मानिये, एक दिन उसकी इस भाषा पर उसके माता-पिता अपनी नाखुशी जाहिर करेंगे।

किसी क्रिया पर हंसना या मुस्कराना, उत्साह बढ़ाने का एक रूप होता है। जब एक बच्चा देखता है कि उसका व्यवहार उसके माता-पिता को अच्छा लग रहा है, तो वह उनको खुश करने के लिए इसे दोहराता है। इसलिए यदि बच्चा कभी कोई गलत व्यवहार करे तो मां-बाप को उस पर हंसना नहीं चाहिए। बल्कि उसे समझाना चाहिए कि यह गंदी बात है, अच्छे बच्चे ऐसा नहीं करते।

पहले तो माता-पिता को बच्चे के सामने कभी भी गलत व्यवहार या अपशब्द का प्रयोग नहीं करना चाहिए। मगर मान लीजिए आपका बच्चा कभी कुछ अपशब्द मुंह से निकाल भी दे, तो उसे हतोत्साहित करें, ताकि ऐसा वह फिर कभी न करे।

2. बच्चे को कमरे में कभी अकेले न बंद करें

कुछ लोग धमकी देते हैं और कुछ तो बच्चे को भंडारगृह या स्नानघर में बंद कर देते हैं। ये कमरे प्रायः छोटे, अंधकारयुक्त, घुटन वाले व डरावने होते हैं। बच्चे

को ऐसे अंधकारयुक्त कमरे में बंद करना उसके ऊपर हानिकारक प्रभाव डाल सकता है। उस सीमित स्थान में वह भयावह महसूस कर सकता है। वह अपने अनुपयुक्त व्यवहार के बारे में सोचने के बदले यहां से कैसे भाग निकले, इसके बारे में सोचने लगेगा। यह बच्चे के दिमाग पर मानसिक आघात का कारण भी बन सकता है, जैसे–दुःस्वप्न आदि।

एक बार मैं अपने दो वर्ष के बच्चे के लगातार शोर मचाने से ऊब गई। मैंने इस इरादे से कि जब तक वह अपने व्यवहार में बदलाव नहीं लाता, उसे 10-15 मिनट के लिए स्नानघर में बंद कर दिया। बिना किसी गलती को महसूस किए, वह दरवाजे की सिटकिनी से खेल रहा था। दस मिनट के बाद, मैंने उससे पूछा कि यदि वह गलती मानने को तैयार है, तो मैं उसे बाहर निकाल दूं। इस बीच सफलतापूर्वक उसने अंदर से सिटकिनी लगा दी थी। अब घबराने की मेरी बारी थी। मैंने रोशनदान से चिल्लाकर उसे हिदायत देना शुरू किया कि वह उसे कैसे खोल सकता है? उसने पूरा प्रयास किया, पर उसे खोल नहीं सका। तीस मिनट बीत चुके थे, अब मैं और घबराने लगी थी। संयोग से मेरे पति आ गए। स्टूल पर खड़े होकर रोशनदान के माध्यम से एक मुड़े तार को अंदर डालकर किसी प्रकार उन्होंने दरवाजे की सिटकिनी खोली। मेरा लड़का चालीस मिनट के बाद भी अविचलित निकला। यह मैं थी, जिसे घोर पीड़ा से गुजरना पड़ा। मैं गंभीरता से यह सलाह देना चाहूंगी कि बच्चे को किसी भी प्रकार से कमरे में बंद न करें।

यह विशेष कर दो वर्ष के नीचे के बच्चों के लिए हानिकारक है, क्योंकि उन्हें शारीरिक चोट का सामना करना पड़ सकता है। यह अच्छा होता है कि उनके पूरे दुर्व्यवहार के लिए उन्हें बातचीत के द्वारा समझाया जाए। बच्चे को उसकी मन पसंद गतिविधि से रोकना, उसके लिए एक अच्छे दंड का काम करेगी। उदाहरण के तौर पर टेलीविजन बंद करना या अपने मित्रों के साथ बाहर जाकर खेलने की अनुमति प्रदान न करना, निस्संदेह यह एक निवारण का काम करेगी व बच्चे को धृष्ट कार्य करने के लिए हतोत्साहित करेगी।

3. कठोर अधिकारी न बनें

हमारे पड़ोसी के घर में प्रातः 5.30 बजे से ही चीखना और चिल्लाना शुरू हो जाता था। आवाज से ही पता चल जाता था कि पिता अपने बच्चे को उठने और पढ़ाई शुरू करने को कह रहा है। जब बच्चा नहीं उठा, तो उसे धमकाया और गाली दी गई। 8.30 बजे के बाद मां की कठोर आवाज बच्चे को कहते हुए सुनी जा

सकती थी कि 'बेवकूफ की तरह चारों तरफ घूमना बंद करो और काम पर ध्यान लगाओ।' दोपहर के बाद डांटने और पीटने का काम बड़ी बहन का था। शाम को एक निजी शिक्षक ने बच्चे को अध्याय दिया। कुछ विराम के बाद पुनः मां के डांटने-फटकारने का सत्र शुरू होता और रात को पिता ने कार्यभार संभालते।

मैंने पाया कि बच्चे को तीन महीने बाद बोर्ड की परीक्षा में बैठना था। उसे दिन में 14 घंटे कड़े अनुशासन में रखा जाता था। लड़का अधिक-वय था और उसे लगातार के संरक्षण में रखा जाता था। यहां तक कि अगर वह सिर भी उठाता या छज्जे पर एक बार टहलना चाहता, तो उस पर चिल्लाया जाता।

उस समय तक, पड़ोस के हर व्यक्ति को पता चल चुका था कि उस लड़के को बोर्ड की परीक्षा में भाग लेना है। उसने परीक्षा में बहुत कम अंक अर्जित किए।

माता-पिता, उसकी बहन एवं निजी शिक्षक द्वारा लगातार उस लड़के को पढ़ने के लिए कहे जाने से उसका आत्मविश्वास कमजोर हो गया। अगर वह लापरवाह या गैर-जिम्मेदार था, तो उसे महसूस कराया जाना चाहिए था। वह लगातार कई लोगों के द्वारा डांटा जाता था। कुछ दिनों के बाद, लड़का हर अपमान से उन्मुक्त ही नहीं हुआ; बल्कि अवज्ञापूर्ण तरीके से हर बात का जवाब भी देने लगा। उसने विद्रोह करना शुरू कर दिया।

जैसा व्यवहार उसके परिवार ने उसके साथ किया, बच्चे को महसूस होने लगा कि वह किसी भी चीज के लिए अच्छा नहीं था। उसका स्वाभिमान पूरी तरह से नीचे गिर चुका था। डांटने-चिल्लाने ने उसके प्रदर्शन को विकसित करने में कोई मदद नहीं की। अगर उसे उसके व्यक्तिगत व्यवहार की जिम्मेदारी को महसूस कराया गया होता, तो वह अच्छा प्रदर्शन कर पाता। कोई एक व्यक्ति उसके कार्य की देख-रेख कर सकता था। अगर बच्चा नहीं पढ़ता था, तो उसको उसके नतीजे के बारे में बताया जाता। यद्यपि उसके माता-पिता अच्छा से अच्छा करने की बात दिमाग में बैठाए थे, पर अच्छा करने की बजाय उन्होंने नुकसान ज्यादा किया। जो तौर-तरीका उन्होंने अपनाया, वह गलत था।

4. एक बच्चे को उसके दोस्तों के सामने अपमानित न करें

एक बच्चा जैसे ही किशोरावस्था में प्रवेश करता है, हो सकता है कि अपने माता-पिता की बजाय वह समकक्ष बच्चों में अपना समय ज्यादा व्यतीत करे। सारे

दोस्त वेशभूषा, बातचीत, खाना या व्यवहार करना एक-सा पसंद करते हैं। वे अपनी परेशानियों एवं भावनाओं को बांटना पसंद करते हैं। किशोरावस्था में बच्चा महसूस करता है कि माता-पिता की तुलना में उसका मित्र उसे अच्छी तरह से समझता है।

अंजु का लड़का ध्रुव अपने मित्रों के साथ खेलकर घर आया था। वह अपना नया वाद्ययंत्र अपने मित्रों को दिखाना चाहता था। तभी अंजु ने चिल्लाना शुरू कर दिया, ''मैंने तुम्हें शाम को 7 बजे तक घर आने को कहा था, देखो! तुम कितने गंदे दिखते हो! क्या तुम कीचड़ में लोटे थे? तुम्हारा कमरा कबाड़ घर की तरह है। तुम्हारे सारे गंदे कपड़े कमरे में फैले पड़े हैं। तुम वह कभी नहीं करते, जो मैं तुम्हें कहती हूं।''

ध्रुव को अपने मित्रों के सामने गहरा अपमान महसूस हुआ। उसको लगा कि वह दोबारा उनका सामना नहीं कर सकेगा। गिरे स्वाभिमान की एक भावना उसको निगल गई।

अनुशासित करना एक व्यक्तिगत मामला है। एक बच्चे को डांटने-फटकारने से पहले समय और स्थान देखा जाना चाहिए। जब वह अकेले हो और आपकी तरफ पूरा ध्यान दे रहा हो तो उस समय उसको यह समझाना अच्छा होता है।

5. नौकर-चाकर के व्यवहार पर भी ध्यान रखें

नौकरों का एक समूह छोटे बच्चे की देखभाल कर रहा होता है। बच्चे की व्यक्तिगत आवश्यकताओं की देखभाल के लिए एक नौकरानी होती है। उसकी पढ़ाई और मनोरंजन की देखभाल हेतु एक मास्टरनी होती है। स्कूल ले जाने व वापस छोड़ने के लिए एक ड्राइवर होता है। माता-पिता महसूस कर सकते हैं कि उन्होंने बच्चे के लिए बहुत अच्छी व्यवस्था कर दी है। उनकी जिम्मेदारी यहीं समाप्त होती है।

लेकिन क्या ऐसा माहौल बच्चे का व्यक्तित्व बना सकता है। ऐसी स्थिति में बच्चा अपने को तिरस्कृत महसूस करता है, इतने लोगों के चारों तरफ होते हुए भी वह अपने माता-पिता के प्यार और मोहब्बत को चाहता है। उसे महसूस होता है कि वे उसका ध्यान नहीं देते।

नौकरानी या नौकर गलत एवं गंदी भाषा का प्रयोग कर सकते हैं। वे गलत आदत एवं तौर-तरीकों वाले हो सकते हैं। ज्यादातर बच्चे उनकी नकल करते हैं। वे जो कुछ चाहते हैं, वैसा करने के लिए बच्चे को डरा भी सकते हैं। पार्क में यह देखकर आंख खुल जानी चाहिए कि नौकरानियां बच्चों के साथ कैसे-कैसे बर्ताव

करती हैं। बच्चे के लिए बनाई गई चीज, सैंडविच को खा लेने के बाद आप उसे कुछ इस प्रकार से कहते सुनेंगे, "अगर तुम यह घर में बताते हो, तो मैं तुम्हें पीटकर चटनी बना दूंगी।"

कोई भी माता-पिता का स्थान नहीं ले सकता। बच्चा सिर्फ माता-पिता के साथ रहकर ही सुरक्षित और भावनाओं से संतुष्ट हो सकता है। माता-पिता को अपने व्यस्ततम समय में से कुछ समय बच्चे को जान-बूझकर देने की आवश्यकता होती है, वरना एक समय ऐसा आएगा कि बच्चा अकेले रहना सीख जाएगा और उसे माता-पिता की आवश्यकता महसूस नहीं होगी।

6. झूठी धमकी से मदद नहीं मिलती

धमकाने का कार्य कभी-कभी होना चाहिए। जब बहुत आवश्यक हो तभी बच्चों को धमकाएं। धमकाना भी कई तरह का होता है। उदाहरण के तौर पर, "यदि तुम दूध समय से खत्म नहीं करते हो, तो मैं तुम्हें पार्क नहीं ले जाऊंगी" या "अगर तुम अपनी नयी कार अलमारी में नहीं रखते हो, तो मैं इसे किसी दूसरे को दे दूंगी।"

बच्चों को झूठी धमकियां न दें, जिसे आप कर सकने में असक्षम हों। बच्चा झूठी धमकी को पहचानने में तेज होता है। मेरी ढाई साल की बच्ची को घर में चारों तरफ सामान फेंककर खिझाने की आदत थी, जैसे– चाकू, जूते, कपड़े या जो कुछ भी उसको मिलते। दिन में कम से कम तीन-चार बार मुझे सभी सामान इकट्ठा करने के लिए चक्कर लगाना पड़ता था। एक दिन क्रोधित होकर मैंने कहा, "मैं तुम्हें उन सामानों के साथ छज्जे से नीचे फेंकने जा रही हूं, जिन्हें तुम नीचे फेंकती हो।" उसने एक मिनट तक सोचा और फिर बिना हिचकिचाहट के मुझे चुनौती देते हुए बोली, "मुझे नीचे फेंको मम्मी!" मैं अवाक् रह गई। छोटी बच्ची जान चुकी थी कि मैं निश्चित ही अपनी धमकी पूरी नहीं करूंगी। वह मेरे लिए इतनी मूल्यवान थी! कई बार आपकी धमकी स्पष्ट नहीं होती। 'ना/हां या शायद' जैसे आपस में मिल जाते हैं। मैंने अपने बेटे को कह रखा था कि वह अपने दोस्तों के साथ अपने कमरे में खेले और बैठक को गंदा न करे। यदि वह ऐसा करेगा तो मैं उसके दोस्तों का घर आना बंद कर दूंगी।

एक दिन मेरा बेटा अपने कुछ दोस्तों के साथ आया और बैठक में खेलने लगा। मैंने उसे कहते सुना "हम यहां छुपन-छुपाई खेल सकते हैं। परदों के पीछे छुप सकते हैं, मेरी मम्मी कुछ नहीं करेंगी वे सिर्फ कहती हैं, करती नहीं।" वह मेरी कमज़ोरी पहचान चुका था। जो धमकी आप पूरी करने में अक्षम हों, वह न दें।

7. एक बच्चे को वर्गीकृत न करें

कभी-कभी अनजाने में हम बच्चे की भावनाओं को ठेस पहुंचाते हैं। हम तरह-तरह के लोगों से उसकी तुलना करते हैं। वह परेशान या सुस्त, जिद्दी अथवा लापरवाह हो सकता है। बिना दिमाग लगाए हम उसकी आलोचना करना शुरू कर देते हैं। हम कह सकते हैं, "तुम एक जिद्दी बच्चे हो। तुम अपना वीडियो गेम दूर रख पढ़ाई क्यों नहीं करते हो?" या "जिस तरीके से तुम ट्रे में ग्लास ले जा रहे हो, निश्चित रूप से गंवार हो। तुम इनको निश्चित गिरा दोगे।" अगर यह बार-बार कहा जाता है, तो उनका आत्मविश्वास प्रभावित हो सकता है, वह गुस्सैल अथवा जिद्दी बन सकता हैं।

एक बच्चे से बात करते समय अच्छा होता है कि धीरे से बात करें और उसकी बातों को ध्यान से सुनें। अगर वह महसूस करता है कि आप उसके साथ निर्दयी हो रहे हैं, तो उसे ठेस पहुंचेगी, वह गुस्सा होगा और सुरक्षात्मक अथवा विद्रोही हो जाएगा। इसलिए यह कहना अच्छा होगा, "समय-सारणी के अनुसार यह समय तुम्हारे पढ़ने का है।" या "ट्रे ले जाते समय ज्यादा ध्यान दो", इसके बदले कि उसे जिद्दी अथवा गंवार की श्रेणी में बांटा जाए।

8. गलत प्रेरणा आक्रामकता को बढ़ाती है

कोई बच्चा यदि हिंसात्मक वातावरण में पलता-बढ़ता है, तो उसके आक्रामक होने की संभावना अधिक होती है। अगर बात-बात में घर के लोग बच्चे को मारते-पीटते हैं, उसकी बातें नहीं सुनते, उसे तिरस्कृत करते हैं, कोसते हैं तो निश्चित ही वह भी ऐसा व्यवहार करने को बाध्य होगा। और बड़े होने के साथ-साथ उसकी आक्रामकता बढ़ती ही जाएगी।

मकान मालिक या स्थानीय घटनाएं भी कई बार आस-पास का वातावरण खराब करने में महत्त्वपूर्ण भूमिका निभाती हैं। वीभत्स किताबें, टेलीविजन पर मारकाट, खून खराबा, कामुक दृश्य भी बच्चे के दिमाग पर अमिट प्रभाव डालते हैं। टेलीविजन पर देखे जाने वाले कार्यक्रम आप चुन सकते हैं।

9. भूखा रखने की क्रियाविधि

"अगर तुम अच्छा व्यवहार नहीं कर सकते हो, तो अच्छा होगा कि खाने की मेज छोड़ो और अपने कमरे में जाओ। शायद खाना छोड़ने से तुम्हारा तौर-तरीका

सुधरेगा।" कभी-कभी बच्चा उठ कर अपने कमरे की तरफ जा सकता है। इस तरीके का दंड पूर्ण रूप से पुराना है। भोजन उसकी आवश्यकता और जरूरत है। यह कोई सुविधा नहीं है। अगर बच्चा गलत व्यवहार करता है, तो हम एक सुविधा हटा सकते हैं, लेकिन हमें उसकी जरूरतों में कमी नहीं करनी चाहिए।

जब बच्चा अपने कमरे में जाता है तो उसकी भावनाओं के बारे में सोचिये। वह भूखा है, पश्चाताप या गलती महसूस करेगा? जब एक आदमी भूखा होता है, तो क्या वह अपने व्यवहार के बारे में सोच सकता है, गलतियों को स्वीकार कर सकता है? अगर आप नरम पड़ जाते हो और उसे खाने के लिए वापस बुलाते हो, तो भी आपकी डांट प्रभावी नहीं होगी। एक बुद्धिमत्तापूर्ण रास्ता यह होता है कि बच्चे को उसकी क्रियाओं के परिणाम के बारे में बताया जाए और उसे पूरा किया जाए। जैसे– "अदिति, अगर तुम अपना खाना खत्म नहीं करती हो, तो तुम्हें कोई आइसक्रीम नहीं मिलेगी।"

10. जो कहें, वह करें भी

जब हम अपने बच्चे के लिए कुछ नियम-कानून बनाते हैं, तो हमें प्रयास करना चाहिए कि जितना संभव हो सके, उनका पालन किया जाए। हमें अपनी सुविधाओं के अनुसार उन्हें नहीं बदलना चाहिए। उदाहरण के तौर पर, आपने नियम बनाया है कि बच्चे पार्क से घर 7 बजे तक जरूर आ जाने चाहिए, तो जरूर आ जाएं। जब बच्चे घर आते हैं तो आपकी सहेली आई हुई है और आप पुनः कहते हैं, "जाओ, कुछ समय के लिए पार्क में और खेलो, मुझे तंग मत करो। "ऐसी स्थिति में बच्चे सोचना शुरू कर देते हैं कि नियम लचीला है। आगे से उनसे इस नियम के कठोरता से पालन की आशा मत करो। आप क्या कहते हैं और कैसे करते हैं, इस पर लगातार मजबूत बने रहने का प्रयास करें। एक बच्चा बड़े लोगों की नकल करता है और आप उसकी क्रियाओं पर हंसते हैं। अगली बार दोबारा जब वह जनता के बीच नकल करता है, तो आप उसे डांटते हैं। जब आप उस पर पहले हंसे, तो यह उसके साहस को बढ़ाने का प्रतीक था। अब उसी प्रकार की क्रियाओं के लिए आप उसे दोषी नहीं ठहरा सकते।

11. सभी मांगों को तत्काल पूरा न करें

ज्यादा पाने की इच्छा से कभी तृप्ति नहीं मिलती। यह मनुष्य का स्वभाव है। कुछ माता-पिता बिना कारण देखे बच्चे की हर मांग को एक बार में ही मान लेते हैं।

वे आर्थिक तौर पर संपन्न होते हैं और वे बच्चे को भला क्यों न प्रसन्न रखें? बच्चे को बस, कुछ मांगने की देर होती है और माता-पिता या दादा-दादी उसे पूरा करने के लिए दौड़ पड़ते हैं।

जब बच्चा महसूस करता है कि उसे वह सब कुछ मिल सकता है, जो वह पसंद करता है, तो उसकी आवश्यकताएं बढ़ती रहती हैं। अगर एक बच्चे की मांग बहुत आसानी से पूरी होने लगती है, तो वह उन्हें महत्त्व नहीं देगा। बाद में जब उसकी मांगें पूरी नहीं होती हैं, तो वह झल्ला सकता है। ऐसा बच्चा अपने समकक्ष बच्चों के साथ ठीक से नहीं रह सकता, क्योंकि वह चाहता है कि हर काम उसके तरीके से हो।

एक बच्चे को आत्मनियंत्रण व उत्तरदायित्वों के बारे में बताया जाना चाहिए। उसे अच्छे व्यवहार के लिए प्रेरित किया जाना चाहिए। एक बच्चा जो अपनी मन पसंद की चीज मांगता है और उसे पाने के लिए कड़ी मेहनत करता है, तो वह चीज प्राप्त होने पर उसकी कीमत समझेगा और उसे अच्छे से इस्तेमाल भी करेगा।

12. व्यंग्य से बचें

यह अच्छा होता है कि बच्चे को सीधे और सकारात्मक तरीके से खराब व्यवहार न करने के लिए कहा जाए, इसकी बजाय कि तीखे अथवा व्यंग्यात्मक शब्दों का प्रयोग किया जाए। निर्दयी अथवा तीखी प्रतिक्रिया से हमेशा बचें। बच्चे काफी संवेदनात्मक होते हैं, विशेषकर अपने शारीरिक स्वरूप में। जैसे कि वजन, मुंहासे, रंगभेद, ऊंचाई आदि को लेकर दी गई समीक्षाएं कभी नहीं की जानी चाहिए।

अगर आप कहें, ''इतनी धीमी गति से टहलना तुम्हें इस बदसूरत मोटापे से छुटकारा नहीं दिला सकता, और चिप्स को खाना बंद करो।'' बच्चे को यह बुरा लग सकता है। इसके बदले में यह कहना ज्यादा अच्छा होगा कि 'चिप्स में कैलोरी की मात्रा ज्यादा है, इसलिए इससे बचने का प्रयास करो।'

दिव्या की तेरह वर्षीय लड़की रिया का वजन ज्यादा था। वह तला हुआ खाना खाने की शौकीन थी। दिव्या ने रिया पर कई बार दबाव डाला कि या तो वह व्यायाम करे अथवा तली हुई चीज़ें खाना कम करे, लेकिन बात नहीं बनी। यहां तक कि डांट खाने के बावजूद रिया ने इस पर कोई ध्यान नहीं दिया। तब दिव्या ने एक नया तरीका ढूंढ़ा। वह कुछ विदेशी कपड़े रिया के लिए खरीद कर लाई और समझाया कि यदि वह इन अच्छे कपड़ों को पहनना चाहती है, तो उसे अपना

वजन कम करना होगा। रिया बात मान गई। आज किशोर अवस्था का हर बच्चा पतला और स्मार्ट दिखना चाहता है; इसलिए उसने भी नित्य व्यायाम करना शुरू कर दिया, तले हुए खाने को कम कर दिया और जल्दी ही उसका वजन कम हो गया।

बचपन में बोले गए व्यंग्य जवानी में चुभते हैं। कुछ घरेलू कामकाज के दौरान बच्चे को कभी अपमानित न करें। उसे स्वतः अपने तरीके से काम करने के लिए उत्साहित किया जाना चाहिए। यह कहना अच्छा होता है, ''कल स्कूल के लिए अपने जूते पॉलिश कर लो'' इसके बदले कि ''पिछली बार अपना जूता तुमने कब पॉलिश किया था? ये एक भिखारी के जूतों से भी ज्यादा खराब दिख रहे हैं।''

इस तरीके का मजाक न करें, जो बच्चे की नाजुक भावना को चोट पहुंचाए। ''मैं नहीं सोचती कि तुम्हारे दर्जे से भी नीचे कोई दर्जा है। तुम्हें स्कूल में सबसे कम अंक प्राप्त करने का एक नया कीर्तिमान बनाना चाहिए था।'' इस प्रकार की समीक्षाएं बच्चे के आत्मविश्वास व आत्मबल को नीचे गिराती हैं।

13. अपराध या भय की भावना बच्चे में न पैदा करें

कभी-कभी हमें लगता है कि बच्चे को भयभीत करके उसे अनुशासित करना ही सबसे आसान तरीका है। हम उसे काल्पनिक भूत-प्रेतों, डाकुओं या पशुओं से डरा सकते हैं। ''अपना खाना जल्दी से खत्म करो, वरना तुम्हें भेड़िया लेकर भाग जाएगा।'' इसका शुरू में अस्थायी तौर पर परिणाम निकल सकता है, लेकिन यह तरीका लंबे समय तक कार्य नहीं करेगा। इस दौरान बच्चा बुद्धिमान हो जाएगा और आपके झूठ को समझ लेगा या वह भय उसके दिमाग पर एक स्थायी प्रभाव छोड़ सकता है। वह अकेले में अथवा अंधेरे में रहने से डर सकता है, क्योंकि उसे लगता है कि कहीं भेड़िया उसके लिए आ न जाए।

ठीक इसी तरह, अपराध की भावना को मन में भरना भी कोई स्वस्थ तकनीक नहीं है। एक दोषी ठहराया गया बच्चा खराब प्रदर्शन दिखा सकता है। वह अपने क्रिया के नतीजे के बारे में लगातार सोचता रहेगा। ''तुम एक खराब लड़के हो, तुमने कल पूरा दिन खूब शोर मचाया। मम्मी का सिर काफी दर्द हुआ और अब वह बीमार पड़ गई है। यह सब तुम्हारे कारण हुआ।'' इससे किसी समस्या का निदान नहीं होगा। इससे अच्छा है, उसे शोर मचाना बंद करने के लिए कहें, समझाएं कि इससे क्या-क्या नुकसान हो सकता है।

14. बच्चे को हमेशा तंग न करें

जैसे ही मैंने अपनी सहेली के घर में प्रवेश किया, मैंने सुना कि उसका लड़का अपने मित्रों से कह रहा था–''यार! मेरी मम्मी की बातों पर ध्यान मत दो, वह लगातार मशीन की तरह बिना रुके हमेशा जोर-जोर से बोलती रहती है।'' उस छोटे-से लड़के की इस तरह की बातों ने मुझे चौंका दिया। लेकिन विचार करने पर मुझे लगा कि यह वास्तव में एक सच्चाई है।

मैंने कमरे में उस बच्चे की मां अर्थात अपनी सहेली के पास गई। थोड़ी देर इधर-उधर की बात करने के बाद उसने अपने लड़के की आलोचना शुरू कर दी–''मेरा लड़का बहुत आवारा है, इसका पढ़ाई-लिखाई में बिल्कुल मन नहीं लगता, कपड़े ढंग के नहीं पहनता, दिन भर शैतानी करता रहता है, मेरी एक नहीं सुनता, आदि।

किसी भी समय किसी एक ही समस्या का जिक्र करें। लगातार आलोचना बच्चे को जिद्दी, झगड़ालू और विद्रोही बना देती है। उसकी पढ़ाई-लिखाई, खेलकूद आदि सामाजिक गतिविधियों पर भी बुरा असर पड़ता है। इसलिए हरेक माता-पिता को अपने बच्चे के साथ शांतिपूर्वक बिना धमकी दिए, अच्छे ढंग से समझा कर उसकी परेशानियों को दूर करने की कोशिश की जानी चाहिए। आपका बच्चा एक कठपुतली की तरह नहीं है कि जब आप रस्सी खींचो, वह मशीन की तरह काम करने लगेगा। इसलिए बच्चे की भावनाओं को समझने का प्रयास करें और उसके साथ स्नेहिल व्यवहार करें।

15. माता-पिता का निर्णय एक जैसा होना चाहिए

बच्चे के व्यवहार के मामले में, मां-बाप या घर के बड़े सदस्य सभी के निर्णय एक जैसे होने चाहिए। उनके विचारों में भिन्नता नहीं होनी चाहिए। जैसे कि मां अपने बच्चे को दूध गिराने के लिए डांटती है, तो बच्चा रूठकर अपनी दादी मां की बांहों में जा बैठता है। दादी मां बच्चे को सांत्वना देती है और उसकी मां के लिए भौंहें चढ़ाती है, इससे बच्चे को अच्छी की बजाय ग़लत प्रेरणा मिलती है।

इसलिए परिवार का कोई सदस्य यदि बच्चे के गलत व्यवहार पर उसे डांटता है या उस पर नियंत्रण रखता है तो किसी दूसरे सदस्य को उसमें दखल अंदाजी नहीं करना चाहिए और न ही उस समय बच्चे को दुलारें-पुचकारें।

किसी परेशानी भरी स्थिति से निबटने के लिए दोनों का निर्णय एक होना चाहिए। जब आप दोनों अकेले हों, तो समस्या पर अपने साथी से बातचीत कर सकते हैं। आपको एक मिले-जुले बयान के साथ संगठित व्यवहार को बच्चे के सामने प्रस्तुत करना चाहिए।

आप एक पंद्रह साल की लड़की का एक उदाहरण लें, जो अपने दोस्त के घर एक पार्टी में जाकर रात भर रुकना चाहती है। पिता नहीं चाहता है कि लड़की जाए, क्योंकि उसे लगता है कि वह अभी इतनी वयस्क नहीं है कि अपना ध्यान रख सके। लेकिन मां को लगता है कि वह पार्टी में जा सकती है। आप उससे कह सकते हैं कि वह पार्टी में जा सकती है, पर उसके पिता ठीक रात 10.30 बजे उसे लेने आएंगे। यदि लड़की को पता लग जाए कि माता-पिता दोनों के विचारों में भिन्नता है, तो वह स्थिति को बदलने का प्रयास कर सकती है। वह कह सकती है, ''मम्मी तैयार है, लेकिन आप नहीं; इसलिए पापा, कृपया हां कहिये, मम्मी तब पक्का मान जाएगी।''

इस तरीके से बच्चा माता-पिता दोनों को सम्मान देता है और प्यार करता है। इन बातों का ध्यान रखने से बच्चे को अनुशासित करने में आसानी होती है।

■■

संघर्षों से बचें

घर को युद्धक्षेत्र में तब्दील होने से बचाने हेतु कुछ सामान्य तरीके

1. झल्लाहट पर ध्यान न दें

मेरी दो साल की भतीजी 'पल्लवी' को झल्लाने की कला में महारथ हासिल था। जब उसे कुछ नहीं मिलता तो वह अपनी मुट्ठी को या सिर को जमीन या दीवार पर मारती। इससे डरकर मेरी चाची उसको शांत करने के लिए दौड़ जाती। इससे उसकी झल्लाहट और बढ़ जाती, विशेषकर बाजार या भीड़-भाड़ वाले स्थान पर। लोगों के उत्सुकता से देखने पर उसकी मां की घबराहट बढ़ जाती और जल्दी से जो वह मांगती, उसे दिला देती।

मेरी मां की सलाह पर, मेरी चाची ने उसकी झल्लाहट को नज़र अंदाज करने लगी, उसे ध्यान न देकर अपने दूसरे कामों में लग जाती। अगर पल्लवी कोई दुकान वगैरह में इस प्रकार झल्लाती, तो मेरी चाची आराम से दुकान से बाहर आ जाती। यदि पल्लवी घर पर ऐसा व्यवहार करती तो मेरी चाची दूसरे कमरे में जाकर आराम करती या टी.वी. देखने लगती। जब पल्लवी ने देखा कि कोई भी उसकी तरफ ध्यान नहीं दे रहा है, तो उसका गुस्सा धीरे-धीरे शांत होने लगा। उसने अपने आपको थोड़ा असुरक्षित भी महसूस करना प्रारंभ कर दिया, क्योंकि उसकी मां उसका उतना ध्यान नहीं देती, जितना कि पहले दिया करती थी। धीरे-धीरे उसकी झल्लाहट पूरी तरह से समाप्त हो गई।

इसलिए झल्लाहट से निबटने का सबसे अच्छा तरीका यह होता है कि इस पर ध्यान ही न दिया जाए।

2. अपनी कल्पना का इस्तेमाल करें

कभी-कभी बच्चों को उनकी मन-पसंद चीज नहीं मिल पाती है, तो वे उसके बदले दूसरी चीज लेने से इंकार कर सकते हैं। वे अपनी मन-पसंद चीज ही चाहते हैं।

एक दिन मैंने जल्दबाजी में ब्रेड पर टमाटर और चीज़ रखकर बेक किया। मेरे ढाई साल के बच्चे को पिज्जा खाना अच्छा लगता है। उसने यह सैंडविच खाने से मना कर दिया, यह कहते हुए कि पिज्जा गोल होता है चौकोर नहीं होता। इस स्थिति में मैं या तो उसके लिए पिज्जा बनाती या सैंडविच खाने के लिए उसके साथ जबरदस्ती करती।

मेरे पांच साल के लड़के ने मेरी यह समस्या दूर कर दी। वह मुझसे फुसफुसाया, "मम्मी, आप ब्रेड के कोनों को काट क्यों नहीं देतीं, वह पिज्जा की तरह गोल हो जाएगा। मैंने अपने बेटी की सलाह के अनुसार वैसे ही किया। मेरे छोटे बेटे ने उसे पिज्जा समझकर पूरे चाव से खाया।

एक छोटी कल्पना किसी समय आश्चर्य का काम कर सकती है। जैसे कि– मेरी एक सहेली चाहती थी कि उसके स्नानघर की सफाई होनी चाहिए। कोई भी मदद के लिए आगे नहीं आ रहा था। उसने अपने छः साल और आठ साल के दोनों बच्चों को तैरने वाले कपड़े पहनाए और घोषणा की, "पानी का खेल शुरू होने वाला है। पुल्कित को एक स्पंज यह दीवार साफ करने को दी गई है और अनुभव को यह दीवार। तुम लोग पानी छिटका सकते हो, कूद सकते हो या नाच सकते हो (फौवारे का इस्तेमाल भी किया जा सकता है)। देखें, किसकी दीवार ज्यादा साफ होती है। संगीत चला दिया गया। बच्चों ने उसका भरपूर आनन्द लिया और पूरे स्नानघर को चमका दिया।

3. छोटे बच्चे का ध्यान आसानी से हटाया जा सकता है

छोटे बच्चे का ध्यान बंटाना बहुत आसान होता है। जैसे कि आपका बच्चा झल्ला रहा है, शांत नहीं हो रहा है, तो आप कह सकती हैं, "मैं बाजार जा रही हूं, मेरे साथ कौन चलना चाहेगा" या "मैं रसोई में गर्मागर्म पॉपकार्न बनाने जा रही हूं, कौन मेरी मदद करना चाहेगा।" आदि कुछ इस तरह कह सकती हैं। छोटा बच्चा आपके जरूरी कागज़ के साथ खेल रहा है तो आप कह सकती हैं कि यह देखो, यह लाल गाड़ी कितनी तेज़ भागती है।

इसी तरह भाई-बहनों की लड़ाई को यह कहकर रोका जा सकता है कि 'देखो टी.वी. पर कितनी अच्छी कार्टून फिल्म आ रही है' या 'देखो तो, पापा बाजार से क्या लेकर आए हैं।'

4. बच्चों में प्रतियोगिता रखें

"पहले छह बच्चों को एक साथ पालना आसान था, वर्तमान समय के दो बच्चों की तुलना में", मेरी सास प्रायः यह कहा करती हैं। "हमारे दिनों में बच्चे जानते थे कि उन्हें कैसे मिल-बांट के काम करना है? मेरे घर में तीन लड़के और तीन लड़कियां थीं। सबको काम बराबर-बराबर बांट दिए जाते थे। हम बच्चों को उत्साहित करने के लिए उनमें हमेशा प्रतियोगिताएं रखते थे। कभी-कभी हम इस बात पर प्रतियोगिता रखते थे कि कौन सबसे गोल और नरम रोटी बना सकेगा? पिताजी निर्णायक होते थे; या कौन-सा समूह सबसे अच्छा शाकाहारी सूप बनाएगा, यहां तक कि हम भी ऐसी प्रतियोगिताएं आयोजित करते थे कि सबसे बढ़िया कार का अपना हिस्सा कौन चमकाएगा?" यह काम की तुलना में खेल का रूप ज्यादा पकड़ लेता था।

एक प्रतियोगिता रखना बच्चे के लिए आवश्यक है, क्योंकि यह उसकी प्रतिभा को स्वस्थ रूप देकर उन्नत करता है। और कभी-कभी किसी कार्य को वह स्वेच्छा से कर लेता है, जिसे करने की उसकी इच्छा नहीं थी।

इस युक्ति को भाई-बहनों के साथ इस्तेमाल किया जा सकता है। जैसे—अपना रात का भोजन सबसे तेज कौन खत्म करेगा या अपना बस्ता पहले कौन तैयार करेगा? और भी कुछ इसी तरह। एक बच्चे के साथ भी प्रतियोगिता की सकती है। इसमें आपको प्रतियोगी बनना पड़ेगा, जैसे– "मैं दस तक गिनती गिनने जा रहा हूं, तुम्हें अपना दूध उससे पहले समाप्त करना है। देखें, कौन जीतता है?" या "देखें, तुम अपने श्रुतलेख के शब्दों को बीस मिनट में सीख सकते हो।" अपने कार्य को पूरा करने के लिए बच्चे को पर्याप्त समय दें। उसे उत्साहित करने के लिए ज्यादा समय जीतने देना चाहिए।

5. प्रतिस्थापन (Substitution)

मेरी ढाई साल की लड़की ने अभी क्रेयान (चित्रांकनी) पकड़ना सीखा ही था। जब मैं रसोईघर में होती या कहीं और तो वह ड्राइंग कक्ष की दीवार पर अपनी कल्पनाओं

का अभ्यास करती। मैंने उसको अनगिनत चित्रांकन पुस्तिकाएं और डायरी दिए थे, लेकिन उसे दीवार पर लिखने में ज्यादा मजा आता था। अंततः मैं उसके लिए एक ब्लैकबोर्ड और साथ में ढेर सारी रंगीन चॉक (खड़िया) ले आई। मैंने ब्लैकबोर्ड को उसके कमरे में लटका दिया। उसने उसका खूब आनन्द उठाया।

अगर एक बच्चा कुछ ऐसा कर रहा है, तो उसे निश्चित चीजें कैसे, कब और कहां करना है, सिखाई जानी चाहिए। मेरी सहेली का लड़का अकसर उसकी महंगी क्रीम, लिपस्टिक, इत्र, काजल पेंसिल से अपने चेहरे पर चित्रकारी किया करता था। लाख समझाने पर भी उसे कुछ असर न हुआ; मेरी सहेली तब बाज़ार से ऐसे रंग ले आई जो आसानी से धुल सकते थे और बच्चा उन्हें अपने चेहरे पर भी लगा सकता था।

जरा-सी सूझबूझ से ऐसे कई विकल्प मिल सकते हैं।

6. छोटी गलतियों पर ध्यान न दें

कभी-कभी यह अच्छा होता है कि छोटी गलतियों पर ध्यान न दिया जाए। एक बच्चा खेलते समय कुछ ऐसे गलत शब्दों का प्रयोग करता है, जो उसने कहीं से सुन रखा होता है, तो उसकी तरफ किसी प्रकार का ध्यान मत दें। वह उन्हें जल्दी ही भूल जाएगा। अगर आप उस पर झपट्टा मारते हैं और उसे क्षमा मांगने के लिए कहते हैं, तो वह दूसरे लोगों पर इसका प्रभाव देखने के लिए दोहरा सकता है।

ठीक इसी तरह, अगर एक बच्चा अज्ञानतावश जननांगों को छूता है, तो उस पर ध्यान न दें। अगर वह लगातार यह क्रिया करता है, तो सुधार की क्रिया सिखाई जानी चाहिए।

7. पदार्थों का सम्मान करना

कभी-कभी बच्चे जाने या अनजाने में वस्तुओं या अन्य जीवन्त चीजों को बर्बाद कर देते हैं या तोड़ देते हैं। अपना गुस्सा कभी-कभी वे खिलौनों को फेंककर या उन्हें कुचलकर निकालते हैं। वे पौधे व फूलों को रौंद सकते हैं और कुत्ते या बिल्लियों पर पत्थर फेंकना चाहते हैं। ऐसे में उन्हें अपनी संपत्ति और जीवन्त चीजों का सम्मान करना सिखाया जाना चाहिए।

अगर एक बच्ची अपनी प्रिय गुड़िया को कोने में फेंकती है, तो माता-पिता गुड़िया की काल्पनिक आवाज में उससे कहें, "छोटी, तुमने मेरे दिल को दुखाया है। मेरा हाथ दर्द कर रहा है। अब मैं तुम्हारे घर में नहीं रहूंगी। अब मैं तुम्हारे दोस्त के घर जा रही हूं। ऐसा करने से बच्ची चकित होगी, संभवतः हंसेगी और गुड़िया को अपनी बांहों में पकड़ने के लिए दौड़ेगी।

इस आश्चर्यजनक नुस्खे को आप कई तरीकों से अपना सकते हैं। जैसे– "राजू, मैं एक जीवित पदार्थ हूं, तुम मेरे पत्तों को रौंद रहे हो। अब मैं कैसे जी सकूंगा?"

राजू निश्चित ही इस पर ध्यान देगा। यही नुसखा बच्चे को एक सकारात्मक भाव देने के लिए इस्तेमाल किया जा सकता है। जैसे– पौधा कह सकता है, "राजू, मुझे अच्छा लगता है, जब तुम मुझे पानी देते हो। मेरी पत्तियां अत्यन्त ताजी और हरी दिखती हैं। मैं तुम्हारे लिए कुछ सुंदर फूल उगाऊंगा।" छोटे बच्चे कल्पना के इस संसार को प्यार करते हैं। उनमें यह विश्वास पैदा करें।

8. वातावरण को खुशहाल बनाएं

कभी-कभी थोड़ी समझदारी अपनाने से आप तमाम परेशानियों व छोटे-मोटे नुकसान से बच सकते हैं। जैसे कि छोटे बच्चे घर के फोन के साथ खेलना पसंद करते हैं, ड्रेसिंग टेबल पर रखे सौंदर्य प्रसाधनों के साथ, चाभियों के साथ या दराज में रखी दवाओं के साथ या टी.वी. रिमोट के साथ और खेल-खेल में बच्चे इन सामानों को इधर-उधर बिखरा देते हैं, तोड़-फोड़ भी सकते हैं। इसलिए जैसे ही बच्चा रेंगना शुरू करे, अच्छा होता है कि ऐसी वस्तुओं को उसकी पहुंच से हटा दिया जाए। फोन को ऊंचे स्थान पर रखें, सौंदर्य प्रसाधनों को ड्रेसिंग टेबल के अंदर, दवाइयों को सबसे ऊपर के दराज़ में और रिमोट को तकिये के नीचे। अगर बच्चा उसकी खोज कर लेता है, तो स्थान पुनः बदलें। बच्चा इन वस्तुओं को देख नहीं पाएगा, तो वह उनके साथ खेलने के लिए नहीं ललचाएगा।

बच्चे पार्क, बगीचे आदि प्राकृतिक वातावरण को पसंद करते हैं, यहां उन्हें यह नहीं सुनना होता है कि क्या करना है और क्या नहीं करना है? इसलिए उन्हें मनोविनोद वाले उद्यान एवं हंसने-खाने वाली जगहों पर जरूर ले जाएं। छोटा बच्चा अधिक देर तक सीधा हो कर बिना हिले-डुले एक स्थान पर नहीं बैठ सकता है। इसलिए उसे होटलों/सिनमा घरों में न ले जाएं।

9. नाटक करके दिखावा करना

कभी-कभी बच्चा अपनी गलतियों को महसूस करता है, अगर यह उसके सामने आसान तरीके से रखा जाए। कुछ परिस्थितियों में एक बच्चा कैसे व्यवहार करता है, यह दिखाने के लिए नाटक करके दिखाना एक अच्छी युक्ति है। एक आठ साल का बच्चा अपना होमवर्क करने में घंटों समय लगाता है। उसकी मां घंटों उसके साथ धैर्य से बैठती है। वह बहाने बनाता है, 'मुझे सिरदर्द हो रहा है', ''मेरी अंगुलियां दर्द कर रही हैं'', ''मैं थका हुआ हूं'', ''मुझे कमजोरी महसूस हो रही है'', इत्यादि।

एक दिन उसकी मां ने एक छोटे नाटक के अभिनय का निर्णय लिया। मां ने लड़के का और लड़के ने मां का अभिनय किया। मां ने अपना होमवर्क न करने के लिए वही बहाने किये। बच्चे ने उसको डांट लगाई और जल्दी करने को कहा। पर, वह अपने झूठे बहाने को सही साबित करने हेतु अड़ी रही। निस्संदेह, इस छोटे नाटक के बाद बच्चे की कार्य क्षमता बढ़ी।

10. स्थिति बदलाव के लिए मनोविनोद करें

कभी-कभी, जब बच्चे मनोविनोद में सम्मिलित होते हैं, तो तनाव की स्थिति में बदलाव आता है और वे बुरा बर्ताव करना बंद करते हैं।

एक दिन मेरी सहेली का पंद्रह साल का लड़का अपने छोटे भाई को तंग कर रहा था। चेतावनी देने के बाद भी वह छोटे भाई से लड़ता रहा। मेरी सहेली ने उसे अधिकार भरे शब्दों में कहा, ''मैं हिन्दुस्तान की महान सम्राज्ञी ने अपने राज्य में एक बड़े राक्षस को खोज निकाला है। वह मेरी प्रजा को परेशान कर रहा है। मैं हुक्म देती हूं कि उसे पकड़कर मगरमच्छ के सामने फेंक दिया जाए। उसके पास बचने का मात्र एक मौका है, अगर वह क्षमा याचना करता है।'' बड़ा लड़का खेलने के जोश में ही मेरी सहेली के सामने झुका और बोला, ''हे महारानी! मुझे माफ करो, मुझे मगरमच्छों से डर लगता है।''

ठीक इसी प्रकार एक दिन मेरा लड़का अपनी बहन को पीट रहा था। मैंने एक ग्लास को एक माइक मानते हुए लिया और बोलना शुरू किया, ''बाहुबली व्यक्ति और बड़ी ची के बीच लड़ाई चल रही है। बाहुबली ने एक शक्तिशाली लात का प्रहार बड़ी ची के ऊपर किया है। बड़ी ची ने किसी प्रकार जबरदस्त मुक्का बाहुबली के चेहरे पर लगाया है। दोनों मजबूत हैं। क्या किसी को रिंग

(गुंजने) वाली तरफ बैठने के लिए जगह चाहिए? बाहुबली पर कौन शर्त लगाना चाहता है?" दोनों बच्चों ने जोर-जोर से हंसना शुरू कर दिया।

कभी-कभी आपको बच्चों के बीच अवरोध बनने से अच्छा होता है कि हंसी-मजाक के द्वारा परिस्थिति को बदलें। ऐसी स्थिति पैदा करें, जिससे बच्चे हंस सकें, अभिनय कर सकें, आप से खुशी से बात कर सकें। बच्चों के साथ गाने और नृत्य करने का प्रयास करें। आप उनके साथ हसें।

11. बच्चे को पकड़कर रखें

यह तकनीक नवजात शिशुओं व छोटे बच्चों के लिए है। जब बच्चा आपके आदेशों को सुनने से मना करता है और आप महसूस करते हैं कि वह स्वतः को नुकसान पहुंचा सकता है, तो यह समय होता है उसको पकड़कर रखने का।

उदाहरण के तौर पर, एक छोटा बच्चा अपनी अंगुलियों को प्लग सॉकेट में डालता है, आप घर के सभी खुले प्लग को नकली प्लग से बंद कर रखे हैं। लेकिन विश्वास रखें कि वह किसी एक खुले प्लग को पा सकता है। मौखिक रूप से उसे रुकने के लिए कहना कोई प्रभाव नहीं डालता। यह अच्छा होता है कि आप उसे कुछ देर गोदी में लें। यही उस समय भी किया जाना चाहिए, जब छोटा बच्चा सीढ़ियों से स्वयं नीचे उतरना चाहता है या एक घूमते हुए कुत्ते को दुलारने के लिए दौड़ता है।

बच्चे को पकड़कर रखते समय यह ध्यान रखें कि उसे किसी प्रकार का शारीरिक नुकसान न पहुंचे। कलाई या कंधे को सख्ती से पकड़कर रखने पर चोट पहुंच सकती है या वह दर्द का अनुभव कर सकता है। बच्चा ठीक से सांस लेने के योग्य होना चाहिए। इस समय उत्तेजित बच्चे को शांत रखने का प्रयास करें। आपको 10-15 मिनट के लिए बच्चे को पकड़ना होता है, ताकि वह भूल सके कि वह क्या कर रहा था। दूसरी तरफ, कभी-कभी बच्चे उसी स्थान पर दोबारा वापस दौड़ते हैं और उसी कार्य को दोबारा करते हैं। अगर उसका ध्यान रखा जाता है, तो वह बार-बार पीछे मुड़कर देखता रहता है। वह आपकी परीक्षा ले रहा होता है। उसे दोबारा पकड़ने के लिए तैयार हो जाइए।

बच्चे उत्सुकता से भरे होते हैं और हर नई क्रियाओं व चीजों को देखते हैं। यह तकनीक विशेषकर तब लाभदायी है, जब माता-पिता महसूस करें कि बच्चे को कुछ नुकसान पहुंचने की संभावना है, जैसे—वह सड़क पार कर रहा हो, गर्म

लोहे को छू रहा हो, रेंगते हुए कीड़े को पकड़ रहा हो या गंदी चीजों को मुंह में रख रहा हो; और भी अन्य...।

यह प्रक्रिया कभी-कभी घर से बाहर भी इस्तेमाल की जा सकती है, जब बच्चा बुरा व्यवहार करे। जैसे–रेस्तरां या एक दुकान पर। अगर वह छुरी-कांटा फर्श पर गिराता है, प्लेट पर रखी चम्मच को तोड़ देता है या मेजपोश को खींचता है, उसे अपनी बांहों में पकड़कर रखें और उसके हाथ से सारी गंदी चीजों को हटा दें। जब वह शांत होता है, तो एक छोटी कुर्सी उसके लिए दें, ताकि वह मेज पर रखी किसी वस्तु को छू न सके।

ध्यान रखें, बच्चे को कोई पीड़ा नहीं होनी चाहिए। उसे मात्र आपकी संकल्प दृढ़ता महसूस होनी चाहिए।

■■

बच्चे के साथ प्रभावी बर्ताव करना

बच्चे के साथ सम्पर्क बढ़ाएं

1. धैर्य का फल मीठा होता है

"खराब से खराब परिस्थिति में भी धैर्यवान और शांत बने रहें।" प्रायः यह करने की अपेक्षा कहना आसान होता है। सिर्फ आपकी धैर्य परीक्षा लेने मात्र के लिए एक बच्चा कुछ गलत कार्य कर सकता है। आप तुरन्त उसकी प्रतिक्रिया न करें। कुछ समय के बाद स्थिति अपने आप ठीक हो सकती है। यही समय होता है जब आप स्थिति को बेहतर बना सकते हैं।

किसी भी प्रतिक्रिया के पूर्व दस तक गिनती गिनें। अगर आप गुस्से में हैं, तो बीस तक गिनना अच्छा होता है। इस समय में हो सकता है कि आपको कुछ नया विचार मिल सके। ऐसे में ठंडे होकर बुद्धिमत्ता पूर्ण शांत तरीके का व्यवहार करें।

निश्चित समय पर धैर्य की बहुत आवश्यकता होती है। जब बच्चा एक या डेढ़ साल का होता है, तो आप उसे शौच प्रशिक्षण देना प्रारंभ करते हैं। जब वह समय से इशारा करता है कि शौच जाना चाहता है, तो उसकी प्रशंसा करें। वह कोई इशारा नहीं करता है, तो ध्यान मत दें। धैर्य निश्चित रूप से लाभदायक होता है। इस बीच जब वह प्ले स्कूल जाता है, तो शौच के लिए प्रशिक्षित हो जाता है।

2. दिल से दिल की बात करें

प्रत्येक बच्चे के लिए कुछ समय सिर्फ उसके लिए ही सुरक्षित रखना अति आवश्यक होता है। सप्ताह में एक या दो दिन, यह आधे घंटे का समय हो सकता है। यह समय होता है, बच्चे से उसके स्कूल के बारे में बात करने का, दोस्तों के बारे में, खेल के बारे में, अध्यापकों या जिस किसी भी विषय पर वह आपसे बात करना चाहता है।

कई बार हम समय बचाने के लिए एक से ज्यादा कार्य, एक समय में करने का प्रयास करते हैं जैसे–कार्डलेस फोन इस्तेमाल करते, धुलाई मशीन की जांच करते, दरवाजे की घंटी का जवाब देते, सब्जियां काटते या अखबार पढ़ते समय हम बच्चों से बात भी करते रहते हैं। यह उनके साथ अच्छा सामंजस्य स्थापित नहीं करता है। हम शारीरिक तौर पर बच्चे के साथ उपस्थित रह सकते हैं, लेकिन हमारा दिमाग कहीं और होता है।

जब हम कई सारे कार्य एक साथ करते हैं, तो वर्तमान कार्य पर एकाग्रचित्त होना असंभव हो जाता है। सिर्फ बच्चे पर ही ध्यान केंद्रित करना अच्छा होता है और उसकी उस बात को सजगता से सुनें, जिसके लिए वह कुछ कहना चाहता है।

बच्चे से उसकी आवश्यकता, दोस्ती, परेशानियों, उद्‌देश्यों और स्कूल की गतिविधियों के बारे में बात करें। आप उसे महसूस कराएं कि वास्तव में आपका उससे लगाव है। कभी-कभी सामान्य तौर पर बात कर कुछ समस्याओं का निदान हो सकता है। अगर संभव हो, तो एक आसान समाधान के लिए सलाह दें। उन्हें समस्याओं से खुद जूझने के लिए उत्साहित करें। एक बच्चा हर प्रातः पेट में दर्द का बहाना करता था, ताकि उसको स्कूल न जाना पड़े। शाम को वह पूर्ण रूप से सामान्य होता था। उससे बात करने से पता चला कि बड़े बच्चे उसे स्कूल में धमकी देते थे। अध्यापकों से एक बार बात करने पर लड़के की समस्या का निदान हो गया।

इस तरीके की बातचीत विशेषकर बढ़ते बच्चों के साथ आवश्यक होती है। लड़का या लड़की शारीरिक बदलाव के कारण कुछ चिन्ता महसूस कर सकते हैं, समकक्ष का दबाव, छात्र जीवन का दबाव, ज्यादा प्रतियोगिताओं का डर, कामुकता का बढ़ना, विपरीत लिंग का आकर्षण, धूम्रपान का प्रयोग, दवाइयों या शराब का सेवन और अन्य इसी तरह। एक माता-पिता को बच्चे को आश्वस्त करना चाहिए कि यह सब सामान्य है। इस उम्र में इन सारी चिन्ताओं की उम्मीद की जा सकती है। बच्चों के दिमाग पर अनावश्यक दबाव को दूर कर सकने में यह मदद कर सकता है।

आप लड़के या लड़की को इन प्रयोगों के खतरे के बारे में चेतावनी भी दे सकते हैं। एक स्वस्थ बातचीत यह सुनिश्चित करती है कि मात्र कुछ शब्दों के आदान-प्रदान से कई समस्याओं का समाधान किया जाता है।

3. रोक लगाने के लिए कारण बताएं

जैसे-जैसे बच्चे बड़े होते हैं, वे हर क्रिया के पीछे के कारण को जानना चाहते हैं। ज्यादातर मामलों में, एक अच्छी दलील उनको संतोष दिला सकती है। रोक और नियंत्रण के लिए युक्ति और दलील साफ और साधारण शर्तों पर दी जा सकती है।

मेरी छः वर्षीया बहन को साज-सज्जा का बड़ा शौक था। मेरी मां के गहनों को वह अलमारी से निकाल लेती, प्रत्येक टुकड़ों को पहनती और शीशे में स्वयं की प्रशंसा करती। गहने महंगे और मुलायम थे। एक दिन मेरी मां उसके साथ बैठी। उन्होंने उसको दिखाया कि हर टुकड़ा कैसे 'वेलवेट केस' में व्यवस्थित रूप से रखा जाना चाहिए? "मैंने इन सभी टुकड़ों को सुरक्षित रखा है, क्योंकि जब तुम बड़ी हो जाओ, तो मैं इनको तुम्हें देना चाहती हूं। खराब रख-रखाव से सुकोमल सजावट बर्बाद होती है।" मेरी बहन तुरंत समझ गई।

"मैं नहीं चाहती हूं कि तुम खाने के पहले ज्यादा चॉकलेट-बिस्कुट खाओ, क्योंकि तब तुम रात का खाना नहीं खा सकोगी। सिर्फ दो लो।" इस तरीके की टिप्पणी एक बच्चे को पूरा पैकट खाने से रोकेगी।

यह प्रक्रिया किशोरावस्था के लिए अच्छा कार्य करती है। आप कह सकती हैं, "मैं चाहती हूं कि जन्मदिन पार्टी से तुम 8.30 बजे शाम तक घर पर आ जाओ। मैं तुम्हारी सुरक्षा को लेकर चिन्तित हूं और तब तक नहीं सोऊंगी, जब तक कि तुम वापस नहीं आ जाते।"

4. एक दृढ़ स्वर का इस्तेमाल करें

एक दृढ़ 'नहीं' बिना आवाज उठाए असहमति दर्शाने का अच्छा रास्ता है। यहां तक कि इस तरीके के आदेश को 9-10 महीने तक के बच्चे भी समझ सकते हैं। यह तकनीक उस समय इस्तेमाल की जा सकती है, जब हमें ऐसा लगे कि बच्चे को कुछ शारीरिक नुकसान पहुंचने वाला है या जब वह दुर्व्यवहार करता है। उदाहरण के तौर पर, जब एक छोटा बच्चा गर्म लोहे को छूने वाला हो या सीढ़ियों के नीचे किसी का पीछा कर रहा हो या एक कुत्ते को दुलारने का प्रयास करता है। यह प्रभावी तरीके से लागू किया जा सकता है। शारीरिक भाषा आदेश के अनुकूल होनी चाहिए। बच्चे को देखें, सीधे खड़े हों और कड़क शब्दों में उसका नाम पुकारें। आप अपनी अंगुलियों को दाएं से बाएं हिला सकते हैं, यह निर्देशित करते हुए कि 'नहीं'। आदेश तेज और स्पष्ट होना चाहिए।

अगर शारीरिक भाषा कमजोर या नरम है, तो बच्चा लगातार वही कर सकता है, जो कर रहा होता है। उदाहरण के तौर पर, एक सात साल का लड़का अपनी तीन साल की बहन की पिटाई कर रहा है, आप सोफे पर लेटे-लेटे हलके से उसे कहते हैं– ''यह मत करो'', तो उसे एक मिला-जुला संदेश मिलता है। आपको उसे दृढ़ होकर, कड़क आवाज में 'इसे एकदम बंद करो' कहना होगा।

बच्चे संवेदनशील होते हैं, जो माता-पिता की असहमति को मात्र आंख घुमाने या भृकुटि तानने पर समझ सकते हैं।

5. विशेष आदेश दें

एक बच्चा कुछ विशिष्ट आदेशों को आसानी से समझ लेता है, 'मुझे तंग मत करो', 'अपना बर्ताव ठीक करो', 'अपने पर नियंत्रण करो', 'बेवकूफों की तरह काम मत करो', 'मुझे पागल मत बनाओ', 'एक मूर्ख की तरह खेलना बंद करो', ये सभी अस्पष्ट आदेश हैं। एक बच्चा शायद यह न समझ सके कि आप उससे चाहते क्या हैं?

छोटे बच्चों के लिए कुछ विशिष्ट आदेश हो सकते हैं

1. नहीं, इसे छूओ मत।
2. नहीं, दौड़ो मत, बैठ जाओ आदि।

2 से 5 वर्ष के बच्चे

1. मेज पर तबला बजाना बंद करो।
2. टोंटी अभी बंद करो।
3. तुरंत उसको पीटना बंद करो।

स्कूल जाने वाले बच्चे

1. फैले हुए सभी कागज के टुकड़ों को बीन लो।
2. टी.वी. बंद करो।
3. शोर मचाना तुरंत बंद करो।

किशोरावस्था के बच्चे

1. सोफा (गद्दे) पर मत सोओ।

2. फोन तभी इस्तेमाल करो, जब आवश्यक हो।
3. खेल उपकरणों को इस्तेमाल करने के बाद यथास्थान रखो।

अगर विशिष्ट आदेश दिए जाते हैं, तो बच्चों के पास जो कार्य दिया गया है, उसे न करने के लिए कोई बहाना नहीं होगा।

6. शांत व्यवहार में बात करें

शांत व्यवहार में बात करना अनुशासन विधि का एक महत्त्वपूर्ण भाग है। ऐसे शब्दों का प्रयोग करें, जो ईमानदारी, सम्मान और संवेदना पैदा करे। अगर बच्चे को कोमलता में रखा जाए, तो आपके साथ उसके ज्यादा मिलनसार होने की उम्मीद होती है। दरवाजा बंद मत करें, उदाहरण के लिए, 'नहीं' मैं कोई बहाना नहीं सुनना चाहती हूं, वह अंतिम फैसला है या मैं आगे कोई बहस नहीं चाहती हूं, मुझे गुस्सा मत दिलाओ। बच्चे से सहयोग का दरवाजा खुला रखना है। बच्चे से शांतिपूर्वक बिना धमकाए हुए बात करें। बच्चे से भी वैसे ही बात करें, जैसा कि आप बात करना पसंद करेंगे। मौखिक बातों से नीचा दिखाने से बचें। 'तुम' शब्द की तुलना में 'मैं' शब्द ज्यादा प्रभावी सिद्ध होगा। इसी विधि के द्वारा आप बच्चे को कहें कि कैसे उसका व्यवहार आपको तंग कर रहा है और वर्तमान स्थिति से आप उससे कैसे नाखुश हैं?

छोटे बच्चों के साथ छोटे एवं साधारण शब्दों का प्रयोग करें

मैं यह पसंद करती हूं, मैं यह पसंद नहीं करती हूं, मैं यह चाहती हूं और अन्य इसी प्रकार।

2 से 5 वर्ष के बच्चे

आर्यन ने दीवार पर घसीट कर लिख दिया। उसको डांटने की बजाय उसकी माता ने कहा, "आज जब मैंने तुम्हारे शयन कक्ष की दीवारों को देखा तो बहुत मन खराब हुआ। तुमने उस पर अपनी क्रेयान घसीट रखी है। चूंकि दीवार धोयी जा सकती है, इसलिए मैं चाहती हूं कि तुम एक गीला कपड़ा लेकर दीवार पर लगे चिन्हों एवं दागों को हटाओ। उसे दीवार साफ करने के लिए काफी मेहनत करनी पड़ी, लेकिन बच्चे ने महसूस किया कि उसने गलती की थी और पुनः वह नहीं दोहराएगा।

स्कूल जाने वाले बच्चे

गरिमा की मां ने उससे कहा, "मैं डरती हूं कि तुम्हारी कुछ महंगी गुड़ियों की सज्जा सामग्री कहीं खो अथवा उनका नुकसान न हो जाए, क्योंकि तुमने उन्हें कमरे में फैला रखा है। उन्हें उठाओ और गुड़िया घर में व्यवस्थित करके सफाई से रखो।

किशोरावस्था के बच्चे

ध्रुव के पिता ने दृढ़ होकर उससे कहा, "कल मेरा दिमाग बहुत खराब हुआ, जब पड़ोसी ने मुझसे तुम्हारे स्टीरिओ डेक की तेज आवाज को लेकर शिकायत की। संगीत निस्संदेह प्रसन्नतादायक है, लेकिन यह दूसरों को तंग नहीं करना चाहिए। मुझे विश्वास है कि भविष्य में तुम इसे कम आवाज पर चलाओगे।

7. बच्चे की सुनें

कई बार बच्चे हमसे कुछ कहना चाहते हैं। यह स्कूल का कोई अनुभव हो सकता है या खेल के मैदान की कोई घटना। कभी-कभी हम बहुत थके, व्यस्त अथवा मानसिक तनाव में होते हैं और उनकी बातों को सुनते तक नहीं। हम गुस्से में कह सकते हैं, "बाद में बताना।" कभी-कभी हम सुनते हैं, परंतु हमारा दिमाग कहीं और होता है। कभी-कभार हम 'आहा' या 'वास्तव में' कहकर सिर हिला सकते हैं। एक बच्चे को ध्यान से सुनना बहुत आवश्यक है, इसके लिए कि कभी-कभी वह हमें सुराग (भेद) देता है कि वह ऐसा खराब व्यवहार अथवा जो कर रहा है, वह क्यों कर रहा है? इसका प्रयास करें।

छोटे बच्चों को अपनी गोद में लें अथवा उसके पास बैठें। दोनों आराम से होने चाहिए। बच्चे से आंख से आंख मिलाकर संबंध बनाएं। उसकी सुनें कि वह क्या कहना चाहता है? उसको टोकें नहीं और वह जो कुछ वह कहता है, उस पर पूरा ध्यान दें। उसको ठीक जवाब दें, यह दिखाने के लिए कि आप उसको ध्यान से सुन रहे हैं, जैसे–'आगे बढ़ो', और फिर क्या हुआ? 'वास्तव में', सूचनाएं एकत्रित करें और अपने बच्चे की सच्चाई जानें। बाद में आप अपने संदेह दूर करने के लिए उससे सवाल पूछ सकते हैं।

आपका तीन साल का लड़का अकस्मात गाली देना शुरू कर देता है। आप परेशान हैं कि कैसे और कहां से उसने यह गलत आदत पाई है, जबकि आपके घर में कोई गलत शब्दों का प्रयोग नहीं करता। एक दिन वह आपको विश्वास

में लेते हुए कहता है, "मम्मी, वरुण गंदा लड़का है, जब वह खेलता है, तो खराब शब्दों का प्रयोग करता है।" आप उससे बात कर सकते हैं और बता सकते हैं कि उसे ऐसे शब्दों का प्रयोग क्यों नहीं करना चाहिए?

आप इस बात को देखते हैं कि आपकी लड़की स्कूल जाने के लिए नित्य अनिच्छा जाहिर करती है। उससे सामान्य बातचीत के दौरान पता चलता है कि उसके दोस्त उसको मुंहासे के लिए चिढ़ा रहे हैं। यह समय होता है, उसे यह बताने का कि यह किस प्रकार बड़े होने पर उम्र के साथ होता है।

आपका बच्चा एक सप्ताह से रूखे और चिड़चिड़े स्वभाव का प्रदर्शन कर रहा है। उसके साथ आपकी बातचीत उसकी परेशानी के मुख्य कारण को ज़ाहिर कर सकती है। "मम्मी, मेरे दोस्त जो स्कूल में पटाखे जला रहे थे, मैंने उनका साथ नहीं दिया। अब, मेरे समूह में मुझसे कोई बात नहीं कर रहा है। वे मुझे कायर कहकर पुकार रहे हैं।" यह समय होता है, जब उसको वास्तविक बहादुरी और मूर्खता के बीच फर्क समझाया जाए।

8. पारिवारिक बैठक मदद करती है

एक परिवार जो साथ में खाना खाता है, साथ में प्रार्थना करता है वह साथ में रहता है। यह एक ऐसा मुद्दा है, जिस पर भारतीय सिनेमा में भी इन दिनों जोर दिया जा रहा है। यहां जो सबसे महत्त्वपूर्ण बात ध्यान दी जानी चाहिए, वह यह है कि परिवार के सदस्य जो एक-दूसरे के साथ बातचीत करते हैं, साथ में रहते हैं। क्या यह वस्तुतः परिवार की बैठक को नियंत्रित करती है? निश्चित रूप से, एक सप्ताह या पंद्रह दिनों पर परिवार की योजनाओं, बाहर जाने, समस्याओं पर की गई बैठक मदद करती है। एक व्यस्त सप्ताह के बाद जब परिवार के सारे सदस्य ठंडे दिमाग में हों, तो आधे-एक घंटे एक साथ बैठा जा सकता है। सभी सदस्यों को यह समयावधि खाली रखनी चाहिए।

- बैठक शुरू होने के पूर्व कुछ मूलभूत नियम बनाए जा सकते हैं।
- हर एक सदस्य को बिना बाधा के एक बार बोलने का मौका मिले।
- वह अपनी परेशानियों, दिक्कतों या योजनाओं के लिए आवाज उठा सकता है।
- एक-दूसरे के बीच किसी भी प्रकार की चीख या चिल्लाहट की अनुमति नहीं होगी।

- इस समय किसी भी प्रकार के जैसे–टी.वी. या वीडियो गेम के द्वारा रुकावट की अनुमति नहीं होगी।
- माता-पिता या बड़े अंतिम निर्णायक होंगे।

उदाहरण के तौर पर आइये, इस समस्या पर एक नजर दौड़ाएं : चौदह वर्षीय राहुल और बारह वर्षीय रोहित दोनों एक साथ एक कमरे में रहते हैं। दोनों हमेशा किसी विषय या अन्य पर लगातार झगड़ा करते हैं।

- राहुल सिनेमा का एक प्रबल समर्थक है और कमरे में अपने पसंदीदा कलाकारों के पोस्टर को लगाना चाहता है, जबकि रोहित मशहूर क्रिकेट खिलाड़ियों के पोस्टर दीवार पर सजाना चाहता है।
- राहुल जब तक संगीत सुन नहीं लेता, कार्य नहीं कर सकता और रोहित पूरी शांति में ही कार्य कर सकता है।
- राहुल रात के समय ही पढ़ाई कर सकता है, जबकि रोहित जलती बत्तियों में नहीं सो सकता।
- दोनों कमरे का इस्तेमाल करते हैं, लेकिन किसी को सफाई या सुव्यवस्था की चिंता नहीं है।
- रोहित राहुल की चीजों को इस्तेमाल करना पसंद करता है, लेकिन उन्हें वापस सही स्थान पर नहीं रखता है।

यह बात सुस्पष्ट है कि कुछ नियम बनाए जाने चाहिए, ताकि राहुल और रोहित कमरे में शांति से रह सकें। ये नियम लिखित में स्नानघर की दीवारों पर चिपकाए जा सकते हैं :

- रोहित को कमरे के दाहिनी तरफ की दीवार निर्धारित की गई है और राहुल को बाएं तरफ की। वे पोस्टर या चित्र अपनी पसंद के अनुसार सजा सकते हैं।
- अगर रोहित कमरे में पढ़ाई कर रहा है, तो राहुल को संगीत सुनने के लिए इयरफोन इस्तेमाल करना चाहिए।
- राहुल टेबल लैम्प इस्तेमाल कर सकता है या बैठक में पढ़ाई कर सकता है, अगर रोहित सोने वाला है।
- कुछ भी उधार मांगने से पूर्व, रोहित को राहुल की आज्ञा लेनी होगी। इस्तेमाल के बाद वह वस्तु सुरक्षित वापस करनी होगी।

- ✦ कमरे को साफ-सुथरा रखने के लिए दोनों ही बच्चे संयुक्त रूप से जिम्मेदार हैं। दोनों क्रम से कर सकते हैं।
- ✦ प्रत्येक अपने पलंग व डेस्क को साफ व सुसज्जित करेंगे।

यह समय होता है, जब परिवार के सदस्य एक दूसरे से खुलकर बातचीत कर सकते हैं। बच्चों की उनके अच्छे व्यवहार, पढ़ाई की उपलब्धियों, खेल एवं दूसरी गतिविधियों के लिए प्रशंसा की जा सकती है। आने वाली छुट्टियों एवं अन्य विषयों पर योजनाएं बनाई जा सकती हैं। बैठक शांतिपूर्ण ढंग से होनी चाहिए तथा परिवार के हर सदस्य को सकारात्मक अनुभव होना चाहिए।

9. फर्क महसूस करें

अध्ययनों से देखा गया है कि आक्रामकता का कोई भी प्रत्यक्ष काम दूसरे कार्य में गुस्सा कम करता है। वह यह है कि अगर एक व्यक्ति दरवाजे को जोर से बंद करता है या एक कुर्सी को लात मारता है, तो उसका गुस्सा दूसरे व्यक्ति के प्रति कम हो जाएगा। छोटे भाई या बहनों को मारना, उन पर धौंस जमाना बुरा है, पर हो सकता है सशस्त्र सेनाओं के लिए भविष्य चुनना उसे प्रशंसा दिलाए।

खेल, जैसे–राइफल चलाना, मुक्केबाजी, कुश्ती लड़ना, वजन उठाना, गोला फेंकना, भाला फेंकना, तीरंदाजी और अन्य समाज द्वारा स्वीकार्य खेल आक्रामक वृत्ति को संतुष्ट कर सकते हैं।

काम, जैसे कि उद्यान में कार्य करना, मोटरगाड़ी धोना, कालीन साफ करना, कील ठोंकना आदि को करने के लिए शारीरिक शक्ति की आवश्यकता होती है। वे उसका दिमाग आक्रामकता से मोड़ सकते हैं और उसे एक ज्यादा विवेकी दिमाग का बना सकते हैं। ये गतिविधियां बच्चे के उपद्रवी विचारों को बाहर निकालने का द्वार बनती हैं।

10. पेशेवर परामर्शदाता की मदद लें

अगर कोई समस्या आपके बच्चे से संबंध रखती है, छः महीने से अधिक या एक साल के लिए और अभी भी अगर आप उसका निदान पाने में असमर्थ हैं, तो यह समय होता है बच्चे के लिए एक परामर्शदाता देखने का या एक पारिवारिक चिकित्सक का।

एक विशिष्ट दंपती की दस वर्षीया लड़की कृतिका, स्कूल में बहुत ही खराब अंक अर्जित कर रही थी और साथ ही खराब व्यवहार भी कर रही थी। अध्यापकों द्वारा पूछे गए प्रश्नों का उत्तर देने से उसने मना कर दिया। उसने अपनी कक्षा के बच्चों को धमकाया। उसने खेल में खराब प्रदर्शन किया और किसी दूसरी गतिविधि में भाग नहीं लिया। पुरस्कार, प्रेरणा, चिल्लाना और मारना किसी ने काम नहीं किया। यह क्रम पूरे एक वर्ष तक चला। स्कूल के अध्यापकों ने माता-पिता को चेतावनी दी कि वह उसी कक्षा में रोक दी जाएगी और उसे गंभीर अनुशासनात्मक कार्यवाही का सामना करना होगा। सौभाग्य से उसका मामला स्कूल के परामर्शदाता के सामने रखा गया। उसने उसके मामले का विस्तार से अध्ययन किया, तो यह बात प्रकाश में आई कि कृतिका के माता-पिता उसे पर्याप्त समय नहीं दे रहे थे। पिता व्यापार के साथ व्यस्त थे और मां को एक बड़े संयुक्त परिवार के सामाजिक दायित्वों का निर्वहन करना था। बच्ची को अगर कभी बाहर जाने का मौका मिला था, तो मात्र व्यापार गोष्ठी में। उसके मनोरंजन और साथियों का मात्र मतलब थी–टी.वी. और देखभाल के लिए थे–नौकर। उसने घर का कार्य करना बंद कर दिया और टी.वी. में अनुचित कार्यक्रम देखती। उसके स्कूल का कार्य प्रभावित होता। स्कूल में अध्यापक उसको डांट-फटकार लगाते। अन्य बच्चे उस पर हंसते। व्यंग्यात्मक शब्दों को बर्दाश्त न कर पाने के कारण वह उनको धमकाती। खराब प्रदर्शन के कारण वह निचली कक्षा में रोक दी गई। वह उपहास महसूस करने लगी। उसने अपने से छोटों में किसी को अपना दोस्त नहीं बनाया और अपने आपको सभी गतिविधियों से दूर रखने लगी।

परेशानी अधिक बदतर हो गई। स्कूल के परामर्शदाता ने बच्चे के वातावरण में बदलाव के लिए सलाह दिया। उसकी कक्षा बदली गई। माता-पिता को परामर्श दिया गया और बच्चे की परेशानी के मूल कारण को बताया गया। उनको सलाह दी गई कि वे उसके साथ ज्यादा से ज्यादा समय बिताएं। गर्मी की छुट्टियों के दौरान उसको अतिरिक्त प्रशिक्षण दिया जाए, ताकि वह अपनी कक्षा के साथियों की बराबरी कर सके। उसकी परेशानी की बात नए कक्षाध्यापक से की गई। उसको कहा गया कि कक्षा के समकक्ष छात्रों के सामने उसे दंडित न किया जाए।

बच्चे के स्कूल और माता-पिता के साथ लगातार बढ़ती हुई दूरी को सेतु बनकर कम करने में परामर्शदाता इस मामले में सफल रहा। परेशानियों का निदान कर एक परामर्शदाता परिवार की मदद कर सकता है, जो संबंध रखती हैं–माता-पिता एवं बच्चे के बीच विरोध, बच्चे के व्यवहार और अन्य भी। वे माता-पिता और

बच्चे दोनों की जानकारी व समझ-बूझ को बढ़ाकर परिवार के तनाव को कम करने में मदद करते हैं। बच्चे और माता-पिता दोनों के दृष्टिकोण से वे सापेक्ष महत्त्व को देखने के योग्य होते हैं। कभी-कभी बच्चा स्वतंत्र रूप से बात करने में या भावना को बांटने में अपने माता-पिता के साथ असक्षम होता है। वह एक तीसरे आदमी का रास्ता खोज सकता है, जो ऐसी स्थितियों से निबटने में दक्ष होता है। ऐसी स्थिति में, यह सलाह लें और समस्या पर काबू पाएं।

■■

बच्चे को परिणाम बताना

बच्चे को उसके व्यवहार का परिणाम बताना

1. तुरंत इनाम देना अच्छे व्यवहार को बढ़ाता है

पुरस्कार अच्छे व्यवहार को प्रोत्साहित करता है पुरस्कार– एक स्वादिष्ट पदार्थ, बाहर घूमना, मनपसंद कार्टून शो देखना, रात को सोते समय एक कहानी या प्रोत्साहन के कुछ शब्द, किसी भी रूप में हो सकता है।

अच्छे व्यवहार के लिए तुरंत प्रोत्साहन देना अनुशासन बनाए रखने का एक प्रभावशाली तरीका है। यह छोटे बच्चों के मामलों में विशेष रूप से कारगर होता है। "शीघ्रता से अपना भोजन कर लो, तब मैं तुम्हें तीन भालू की कहानी सुनाऊंगा। जब भी बच्चा अपना भोजन समाप्त कर ले, आप निश्चय ही उसे कहानी सुनाएं। याद रखें, आप इसे किसी दूसरे दिन के लिए नहीं टालें। तुरंत फल मिलना अच्छे व्यवहार की ओर ले जाता है।

कुछ बच्चे पुरस्कार अथवा प्रोत्साहन के आदी हो जाते हैं तथा उसके बगैर कोई काम नहीं करते। मान लीजिए, गृहकार्य को पूर्ण करने लिए चॉकलेट दिया जाना है, तो वे तब तक गृहकार्य नहीं करेंगे जब तक कि वे चॉकलेट के लिए आश्वस्त नहीं हों। इसलिए बेहतर है कि यह आदत न बने।

प्रशंसा के शब्द या प्यार से दुलारना भी अच्छा होता हैं। आपने अपनी किताबें बहुत अच्छे ढंग से रखी हैं। "बहुत अच्छे"! ऐसा कहने के बाद आप पीठ थपथपाएं और उसके गालों का चुंबन लें। मेरा विश्वास करें यह आश्चर्यजनक ढंग से कार्य करता है। देर से दिया गया पुरस्कार क्रिया तथा प्रतिक्रिया के संबंध को तोड़ सकता है और बेकार साबित हो सकता है।

प्रशंसा सर्वोत्तम पुरस्कार है तथा यह किसी भी आयु वर्ग के बालकों पर आश्चर्यजनक रूप से कारगर होता है। यहां तक कि छोटा बच्चा जिसने अभी-अभी चलना शुरू किया है। वह भी अपनी मां का मुस्कराता चेहरा और प्रशंसा पहचानता है। बहुत किफायत और सावधानी के साथ कोई चीज या रुपये पुरस्कार में दिया जाना चाहिए। बहुतायत में ऐसा करने पर यह कम प्रभावी हो सकता है। प्रशंसा किसी चीज के साथ पुरस्कार के रूप में दी जानी चाहिए।

हमेशा निश्चित कर लें कि आप अच्छे बर्ताव को एक सही महत्त्व दे रहे हैं। आप अपने तेरह वर्षीय बेटे/बेटी को कह सकते हैं कि "आपने अपने स्कूल ड्रेस बहुत अच्छे तरीके से इस्तिरी किए हैं। मैं आज आपकी मनपसंद भेल-पूरी बनाऊंगी।"

पश्चिम में मुद्रा के रूप में पुरस्कार का बड़ा चलन है। खैर, आप कुछ मात्रा में पैसा दे सकते हैं। कभी-कभी यह गुल्लक में इकट्ठा किया जा सकता है। बाद में इस पैसे से मनपसंद खिलौने तथा मिठाइयां बाजार से खरीदी जा सकती हैं।

यह भी निश्चय करें कि आप सभी बच्चों को समान रूप से प्रशंसा दें।

उदाहरण के लिए, लड़के को इसलिए प्रशंसित करना कि उसने घर का काम किया, वहीं लड़की के लिए यह मानना कि यह तो उसका काम है; ऐसा नहीं होना चाहिए।

2. तुरंत असहमति

तुरंत असहमति, देर करने के बजाय अनुशासन की दृष्टि से ज्यादा मूल्यवान है। प्रायः माताएं अपने दैनिक कार्यों में इतनी व्यस्त हो जाती हैं कि अपने बच्चों को अनुशासित करने के लिए उनके पास समय ही नहीं रहता। अब वे इस कार्य को अपने पति को देना चाहती हैं। वह रसोई से ही कहती हैं, "टी.वी. देखना बंद करो और अपनी परीक्षा के लिए पढ़ाई करो, वर्ना मैं तुम्हारे पिता से इसके बारे में शिकायत करने जा रही हूं।" बच्चा कह सकता है "मां मैं क्रिकेट मैच देख रहा हूं और केवल दो ओवर्स और देखना चाहता हूं।" मैं आपको विश्वास दिलाता हूं कि ये दो ओवर्स कभी खत्म नहीं होते। बाद में वह परीक्षा की पढ़ाई के लिए बहुत थोड़ा समय ही निकाल पाता है। यदि पिता घर देर से पहुंचता है, तो बच्चों के लिए उसके पास बहुत कम समय होता है।

पिता बच्चों के साथ संवाद करने के लिए शारीरिक तथा मानसिक रूप से बहुत थका हुआ हो सकता है, बच्चा दिनभर की कड़ी मेहनत का भी दिखावा कर सकता है।

सबसे महत्त्वपूर्ण यह है कि माता या पिता यदि अनावश्यक बर्ताव होते हुए देखें, तो अपने बच्चे को अनुशासित अवश्य करें।

यदि हम देर करेंगे या अनिर्णित अवस्था में रहेंगे, तो बच्चा यह सोच सकता है कि माता या पिता कमजोर और अप्रभावी हैं। माता-पिता 'बुरे लोग' अथवा 'जबरदस्ती अनुशासन लादने वाले' बन जाएंगे। यह ठीक नहीं है। माता या पिता दोनों को अपने बच्चों का व्यवहार ठीक करने में समान रूप से सक्षम होना चाहिए।

एक माता-पिता के रूप में अपने जीवन साथी के अधिकारों को मत छीनिए और अपने अधिकारों को मत छोड़िए। वे दिन गए, जब पिता ही अनुशासन बनाए रखने का अधिकारी होता था।

मैंने एक महिला को बड़े गर्व के साथ कहते सुना है, "मेरा पुत्र मेरी एक नहीं सुनता। वह केवल पिता से डरता है।" इस प्रकार के व्यवहार को प्रोत्साहित करना बाद में एक समस्या का कारण बन सकता है। बच्चा अपनी माता का कम आदर करेगा।

3. सौदा करें

अपने बच्चे के झुंझला देने वाले व्यवहार को चुनिए, जिसके कारण सबसे ज्यादा वाद-विवाद होता है। यह परेशान करने वाला हो सकता है कि आपका बच्चा गणित के प्रश्न-पत्र में कम नंबर लाया (जबकि वह अच्छा कर सकता था), बातचीत करिये, सौदा कीजिए जैसे– यदि वह अच्छे अंक लाया या जिस दिन कमरा साफ किया उस दिन उसे पांच रुपये दीजिए। प्रत्येक रविवार को अपने बच्चे के हाथों का परीक्षण करिए। क्या उसके नाखून बढ़े हुए या मुंह से कटे हुए तो नहीं। यदि ऐसा नहीं हैं, तो प्रत्येक हाथ के लिए वह दो रुपये पा सकता है। बच्चा प्रथम सप्ताह में 6 रुपये और दूसरे सप्ताह में दस रुपये पा सकता है। मैं निश्चित रूप से यह कह सकता हूं कि हर महीने में वह 20 रुपये पाना शुरू कर सकता है।

इसी प्रकार यदि एक बच्चा किसी पुस्तक से पांच प्रश्न सप्ताह के पांच दिनों में हल करता है, तो वह रविवार के दोपहर के भोजन का मेन्यू चुन सकता है अथवा आप उसे रात के खाने के लिए बाहर ले जा सकते हैं।

यदि कोई किशोर अपने कमरे को एक निश्चित समय में साफ करता है, तो आप उसे शनिवार को अपने मित्रों के साथ सिनेमा देखने की अनुमति दे सकते हैं।

4. समय अवधि निश्चित करें

मनोरंजन, बाहर घूमना इत्यादि कार्य को एक निश्चित समय सीमा के अंतर्गत करना अच्छा विचार है। एक बच्चे को जानना चाहिए कि उसे निश्चित कार्यक्रम के अनुसार चलना है जो कि उससे अपेक्षा की जाती है। बच्चे सुरक्षित और सुविधाजनक महसूस करते हैं, जब वे एक कार्य को समय सीमा में पूर्ण करते हैं।

यह उसे निश्चित कर देना चाहिए कि समय सीमा में लचीलापन नहीं होता। यदि आप उसे क्रिकेट खेलने के लिए 10 मिनट अतिरिक्त समय देंगे, तो वह उसे आधे घंटे तक ले जाएगा। समय सीमा साप्ताहांत में भिन्न हो सकती है। साप्ताहांत में मनोरंजन का समय (टी.वी., कॉमिक्स, वीडियो गेम्स इत्यादि) बढ़ाया जा सकता है। परीक्षा के समय में समय सीमा आवश्यकता के अनुसार परिवर्तित की जा सकती है।

यदि बच्चा समय सीमा को तोड़ता है, तो उसे परिणाम भुगतने के लिए छोड़ देना चाहिए। उदाहरण के लिए प्रतिदिन एक घंटे टी.वी. देखने की छूट है और रविवार को दो-तीन घंटे। यदि वह उससे ज्यादा समय तक टी.वी. देखता है, तो उसे खेलने हेतु बाहर जाने के समय को कम करना चाहिए और अपने गृहकार्य को करने में ध्यान देना चाहिए।

यदि आपका किशोर पार्टी से दो घंटे देर पहुंचता है, तो उसे अगली पार्टी में नहीं जाने देना चाहिए।

5. पूर्ति करना

एक बच्चे को जानना चाहिए कि यदि कोई वस्तु खो गई है अथवा टूट गई है या उसे कोई ले गया हो, तो उसकी कैसे भरपाई की जाए। उसे यह सीखना चाहिए कि वह अपने अभद्र, अशिष्ट और असावधानीपूर्ण व्यवहार के लिए क्या पश्चाताप करे? उसे सीखना चाहिए कि दायित्वों का निर्वहन कैसे किया जाता है? उसे जानना चाहिए कि उसके द्वारा किए गए कार्यों का परिणाम क्या हो सकता है?

इसको करने का सबसे आसान तरीका है अपनी गलतियों को महसूस करना और उसके लिए 'क्षमा कीजिए' कहना। यदि आपने दुर्व्यवहार अथवा अभद्र व्यवहार किया है। बच्चे को यह अनुभव करना चाहिए कि 'सॉरी' केवल बोलने से नहीं, यह उसे इस भावना के साथ कहना चाहिए कि उसके द्वारा यह कार्य कभी दुहराया नहीं जाएगा। कभी-कभी बच्चों को 'सॉरी' कहने में बड़ी कठिनाई होती है। वे इसे हाथ मिलाकर पूरा कर सकते हैं। मेरी पुत्री को यह प्यारी-सी आदत है कि वह जब भी गलत व्यवहार करती है, तो वह 'सॉरी' लिखकर अपनी भावना व्यक्त करती है।

मेरे पांच वर्षीय बेटे से उसके तीन वर्षीय चचेरे भाई की खिलौने वाली कार खेलते समय गुम हो गई। छोटा बच्चा जोर-जोर से रोने लगा। मेरे बेटे ने अपनी कार को देने की पेशकश की। छोटा बच्चा शांत हुआ। सौभाग्यवश एक सप्ताह बाद गुम हुई खिलौने वाली कार मिल गई और फिर से अदला-बदली हुई। मुझे अपने बेटे के निर्णय पर गर्व महसूस हुआ।

इसी प्रकार यदि कोई बच्चा अपनी मां से अभद्र व्यवहार करे तो वह कुछ अतिरिक्त कार्य जैसे बागवानी या अपनी मां के लिए उसका मनपसंद पेय बनाकर अपना पछतावा दिखा सकता है।

6. एक सुविधा हटा दें

बच्चे साप्ताहांत में बहुत सारे खेल या मन बहलाने के तरीकों का इंतज़ार करते रहते हैं। जैसे कि नाव की सैर, तैराकी, घूमने जाना इत्यादि।

जब बच्चे बार-बार अवांछित कार्य करें तो कुछ सहूलियतें वापस ली जा सकती हैं। उदाहरण के लिए, साप्ताहांत में बाहर घूमना बंद, यदि वह गृहकार्य समय से पूरा न करे और खराब अंक प्राप्त करे। उनको समझाएं कि ये सहूलियतें क्यों बंद कर दी गई हैं और कब उन्हें वापस दी जा सकती हैं? तब तक नरम नहीं बनें, जब तक कि वे संतोषप्रद परिणाम न दिखाएं।

यदि कोई बच्चा देर रात तक टी.वी. देखता है, तो केबल कनेक्शन को खत्म कर सकते हैं, जब तक कि वह सीमित मात्रा में टी.वी. देखने की प्रतिज्ञा न करे।

ऐसा करते समय आपको भी छोटे-बड़े त्याग करने पड़ सकते हैं। किन्तु अपने निर्णय पर अडिग रहें, यदि आप कुछ उन्नति चाहते हैं।

7. समय बिताने देना

अगर एक बच्चा आक्रामक तरीके का व्यवहार करता है, जैसे—भाई-बहन या माता-पिता को मारना, चिल्लाना, चीखना, खीझना, तो उसे बिना किसी बहस, खेल या गतिविधि में भाग लिए एक कोने में बैठने के लिए कहा जाना चाहिए। बच्चे को अकेले बैठाया जाना चाहिए, ताकि वह अपनी गलती का अहसास कर सके। बच्चे की उम्र के मुताबिक अलगाव का समय दस मिनट से आधे घंटे तक का हो सकता है। एक विशेष समय के बाद बच्चे को अपनी गलती का अहसास होना चाहिए। यह विधि स्कूल जाने से पहले और स्कूल जाने वाले बच्चों के लिए विशेषकर लाभप्रद है।

2 से 5 वर्ष के बच्चे : कमरे के कोने में एक स्टूल या बच्चे की कुर्सी पर तीन से दस से पंद्रह मिनट के लिए बैठाएं। बच्चे को अपनी नजरों से दूर मत जाने दें, क्योंकि ऐसे दिमाग में वह कमरे में या बाहर दुर्व्यवहार प्रदर्शित कर सकता है। यह मुख्य द्वार खोलकर यहां तक कि सड़क पर भी जा सकता है।

5 से 12 वर्ष के बच्चे : बच्चे को उसके स्वयं के कमरे में 20-30 मिनट तक भेजा जा सकता है। अपने व्यवहार पर नियंत्रण पाने के लिए बच्चे को समय दिया जाना चाहिए। याद रखें, स्वयं के कमरे में जाना, कॉमिक्स पढ़ना, टी.वी. देखना या खिलौनों के साथ खेलना तरकीब युक्ति नहीं है। बच्चा किसी भी प्रकार के उत्तेजक अथवा विध्वंसात्मकता से दूर होना चाहिए। बच्चे की 15 मिनट के बाद जांच करना एक अच्छी युक्ति है।

यह तकनीक प्रभावी तरीके से किशोरावस्था के बच्चों के लिए भी इस्तेमाल की जा सकती है। वे लंबी अवधि के लिए समय अकेले बिताने भेजे जा सकते हैं, ताकि उन्हें आत्म-निरीक्षण का समय मिल सके।

समय बिताने के दौरान बच्चे चिल्ला या चीख सकते हैं। माता-पिता को अपनी बात पर कमजोर नहीं पड़ना चाहिए और न ही निश्चित समय को कम करना चाहिए। ढीला पड़ना दंड के प्रभाव को कमजोर कर देगा।

कभी-कभी कहीं बाहर जाने पर यदि बच्चा बुरा व्यवहार करता है तो आप उसे बाहर उद्यान में ले जाएं या फुटपाथ पर, या उसको गाड़ी में जाकर बैठने के लिए कहें। अगर बच्चा विरोध करता है, तो आपको उसे शारीरिक रूप से भी ढोना पड़ सकता है। बच्चे के साथ बैठें, बिना कुछ बोले। समय समाप्त होने पर बच्चे से बात करें। अगर वह अच्छे व्यवहार को दर्शाने हेतु वायदा करता है, तो दोबारा स्थान पर वापस लाया जा सकता है।

8. परेशानी पैदा करने वाले सामान जब्त करें

कई बार स्कूल जाने के पहले वाला बच्चा अपने बल्ले, कैंची, ढोल बजाने की लकड़ी, छड़ी आदि का इस्तेमाल संपत्ति, लोगों या स्वयं को नुकसान पहुंचाने के लिए करता है। माता-पिता या सहोदर भाई-बहन के द्वारा उसे इसका सही इस्तेमाल करना बताया जाना चाहिए।

अगर बच्चा इस वस्तु को विरोधस्वरूप खराब व्यवहार में इस्तेमाल करता है, तो वह वस्तु कुछ समय एक या दो दिनों के लिए छिपायी जा सकती है।

सामान को दूर रखने का कारण बच्चे को समझाएं। उसको समय बताएं कि कितनी देर के लिए आप रखेंगे। बच्चे के रोने के सामने झुकें मत, अगर वह बल्ला पुनः वापस मांगता है। दृढ़ बने रहें। जब समय समाप्त हो जाता है, तो उसे वस्तुएं एक चेतावनी के साथ वापस करें। बच्चा जब सामान का सही ढंग से इस्तेमाल करता है, तो उसकी प्रशंसा करें।

स्कूल जाने वाले बच्चे कभी-कभी घर में बिना ध्यान दिए चीयूंगम फेंकने की आदत पकड़ लेते हैं। लकड़ी के सामानों, कपड़े व फर्श पर चिपककर यह घर में गंदगी पैदा कर सकता है। मेरी दोस्त को अपनी लड़की के बाल में चिपके हुए चीयूंगम को निकालने के लिए उसके बाल काटने पड़े।

सभी चीयूंगम जब्त कर लिए गए, नए की खरीद पर तब तक रोक लगा दी गई, जब तक कि कुछ समय के पश्चात सबने उसके सुरक्षित इस्तेमाल का वायदा नहीं कर लिया।

आजकल बच्चों के लिए बहुत सारे प्रलोभन बढ़ाने वाले यंत्र हैं। वे कॉमिक्स पढ़ने, वीडियो गेम खेलने या ट्रम्प कार्ड्स आदि के लिए अतिरिक्त समय खर्च करते हैं। जरूरत के समय पर इस्तेमाल किए जाने की बजाय मोबाइल ज्यादातर एक प्रचलन बन गया है। फोन फालतू या अश्लीलता के लिए इस्तेमाल किए जाते हैं। कंप्यूटर का ज्यादातर इस्तेमाल नियत कार्य के लिए नहीं, बल्कि बातचीत, खेल-खेलने व अश्लील चित्रों को देखने में होता है। अगर आप महसूस करते हैं कि किसी चीज का गलत इस्तेमाल हो रहा है, तो एक चेतावनी दें। अगर यह तरीका सफल नहीं होता है, तो अच्छा होगा है कि उस वस्तु को जब्त कर लिया जाए या सीमित रोक लगा दी जाए।

बच्चे की गतिविधियों को स्वयं संचालित करें। अगर आप महसूस करते हैं कि वह अपने व्यवहार के लिए दुःख व्यक्त करता है, तो उसे छोड़ दें। अगर आप महसूस करते हैं कि कोई बदलाव नहीं है, तो यह समय होता है जब्त की गई समय सीमा बढ़ाने का। धीरे-धीरे बच्चा महसूस करेगा कि आप अपनी बात पर गंभीर हैं और वह अपनी आदतों में बदलाव के लिए प्रयास करेगा।

9. विकल्प दें

कौन बनेगा करोड़पति शो होने के बाद एक तीन साल के बच्चे को भी विकल्प के बारे में जानकारी हो गई है। बच्चे को विकल्प देने से वह ज्यादा प्रसन्न होता है, उसे यह अनुभव होता है कि वह एक निर्णय ले रहा है।

कभी-कभी बच्चा अपने माता-पिता की इच्छा अनुसार नहीं जाता है, क्योंकि वह अपनी स्वतंत्रता बनाए रखना चाहता है। इस प्रकार के विवाद को सुलझाने का एक अच्छा उपाय है, विकल्प देना। यह परिस्थितियों के रूप में दिया जा सकता है।

बच्चों को निर्णय लेने दीजिए, इससे वे शक्ति और आत्म गौरव प्राप्त करते हैं। इसी समय माता-पिता अपने बच्चों के व्यवहार पर नियंत्रण प्राप्त कर सकते हैं। यह युक्ति सभी आयु वर्ग के बच्चों पर कारगर होती है। विशेष रूप से किशोरावस्था के बच्चों पर।

भोजन

1. आप टिफिन में सैंडविच या परांठा, क्या लेना पसंद करेंगे?
2. रात के खाने के समय टमाटर जूस या सूप, क्या लेना पसंद करेंगे?
3. आप चॉकलेट के साथ ठंडा या गर्म दूध, क्या लेना पसंद करते हैं?

कपड़े

1. आप डिनर पर नीले शर्ट्स या स्कर्ट्स क्या पहनना पसंद करेंगे?
2. आप गुलाबी या पीली ड्रेस पार्टी के लिए पहनना पसंद करते हैं?
3. आप अपने बालों को खुला रखना पसंद करेंगे या क्लिप लगाना पसंद करेंगे?

मनोरंजन और घूमना

1. आप संगीतमय पार्क में जाना पसंद करेंगे या बाउलिंग?
2. आप कार्टून शो देखना या जादू का शो देखना, क्या पसंद करेंगे?
3. आप नानी के घर जाना चाहेंगे या बुआ के?

कार्य करना

1. आप मटर छीलोगे या सलाद काटोगे?
2. आप गाड़ी धोने में पापा की मदद करोगे या घर में सफाई कराओगे?
3. आप अपना कमरा आज साफ करोगे या कल?

10. स्वयं न्याय करना

इस विधि में एक बच्चे को अपने अनुचित व्यवहार को सुधारने का अवसर दिया जाता है। बच्चा अपने व्यवहार के उत्तरदायित्व को स्वीकार करता है। इसे अपने कार्य के बारे में सोचने के लिए समय दिया जाता है और फिर वह स्वयं अपने दंड का निर्णय करता है, ताकि वह अपनी गलती को सुधार सके।

एक तीन वर्षीय बालक फर्श पर सूप गिरा देता है, (जो हर दूसरे दिन होने वाली साधारण गलती है) उसे कपड़ा लेकर फर्श को अवश्य साफ करना चाहिए (बाद में आप भी इसे साफ कर सकते हैं)। एक बच्चा दीवार पर चित्र बनाता है, वह दीवार को स्पंज और साबुन से साफ करता है। कोई परियोजना बनाते समय एक दस वर्षीय बालक कमरे में इधर-उधर कागज बिखेर देता है। वह प्रत्येक टुकड़े को उठाकर कूड़ेदान में डाल देता है। एक बालक अपनी छोटी बहन को तंग करता है और रुलाता है। वह उसका मन पसंद खेल उसके साथ आधे घंटे के लिए खेलता है।

एक युवा बच्चे ने बुरी तरह से अपनी जुराबें गंदी कर ली हैं, उसे इन्हें अवश्य साफ करना चाहिए।

11. प्राकृतिक परिणाम बताना

यदि कोई बच्चा लापरवाही का व्यवहार करता है, तो उसे उसके प्राकृतिक परिणामों का बोध अवश्य कराएं। कभी-कभी यह इतना उपयोगी सिद्ध होता है कि उसके बाद कोई कार्रवाई करने की जरूरत नहीं पड़ती।

मेरी बेटी को छुट्टियों में एक छोटा पौधा तैयार करना था। गर्मी बहुत थी।

उसे पौधे को प्रतिदिन पानी देना पड़ता था। कुछ दिनों के पश्चात् उसकी इस पौधे में रुचि समाप्त हो गई, अतः वह कई दिनों के लिए पानी देना भूल गई। मैंने उसे मुरझाये हुए पत्तों को दिखाया और कहा, "देखो! तुम्हारा पौधा कितना प्यासा है। यह मुरझा रहा है। यह आप से बात नहीं कर सकता, परंतु बिना भोजन के यह कैसे जीवित तरह सकता है?" मेरी बेटी ने तुरंत खेद प्रकट किया और अब वह पौधों के प्रति बहुत सावधान रहती है।

यदि कोई बच्चा बहुत चाकलेट खाता है और अपने दांत नियमित रूप से साफ नहीं करता तो उसे याद दिलाएं कि उसने एक बच्चे को दांतों के डॉक्टर के पास रोते देखा था। "उसके दांतों में निश्चय ही कीड़ा होगा", यह कह कर आप उसे समझा सकते हैं।

अगर एक बच्चा अपने मित्रों के साथ कैरम बोर्ड खेलने के बाद अपनी गोटियों को संभालता नहीं है तो वे गोटियां अवश्य गुम हो जाएंगी। परिणामस्वरूप अधूरी गोटियों के बिना वह पुनः कैरम बोर्ड नहीं खेल सकता। इस तरह के परिणाम देखकर बच्चा स्वयं अपनी गलतियां सुधारेगा।

12. वास्तविक जीवन का उदाहरण दें

गर्मी की छुट्टियों में मैंने अपनी 13 वर्षीया बेटी को गुस्से और तनाव में देखा। बहुत पूछने के बाद पता चला कि वह अपनी तैराकी के अभ्यास के प्रति चिंतित थी। एक सप्ताह के प्रशिक्षण के बाद वह केवल पानी में बहना सीख सकी। मैंने उसे अपनी तैराकी के अनुभव से अवगत कराया। मुझे तालाब के किनारे तक पहुंचने और सीधा खड़े होने में तीन दिन लगे थे।

मुझे पैडलिंग सीखने में दो सीजन लगे। ऐसा सुनने पर वह जोर से हंसी। उसकी लगन जागी और शीघ्र ही वह एक अच्छी तैराक बन गई।

कई बार अपने जीवन के अनुभवों का बखान करने से बच्चे को समस्या के समाधान में सहायता की जा सकती है। आपने अपनी समस्या का कैसे समाधान किया, बच्चे को बताएं। बच्चा महसूस करेगा कि कोई भी व्यक्ति परिपूर्ण नहीं है उसे अपने लक्ष्य की प्राप्ति के लिए परिश्रम करना पड़ता है। मेरे पति ने बेटे को बताया कि वह अपने औजारों के प्रति कितना लापरवाह था और उन्हें कैसे जंक लग गया था। मेरे पति ने उसके लिए कोई भी चीज खरीदने से मना कर दिया था। अब बेटे ने अपने औजारों को विधिवत् चमकाना (पॉलिश करना) शुरू कर दिया है।

13. विलंब से दिए गए इनाम अधिक प्रभावी हो सकते हैं

कई बार इनाम का प्रलोभन भी बच्चे के व्यवहार को सुधारने में सहायक सिद्ध होता है और गलत व्यवहार को रोकता है। एक बच्चे का गला ठंड और खांसी से खराब हो गया है। वह आइसक्रीम खाने पर जोर डालता है, क्योंकि उसके साथ के अन्य बच्चे खा रहे हैं। उससे वायदा किया जा सकता है कि उसे एक आइसक्रीम के बदले तीन चॉकलेट दिए जाएंगे, यदि वह डॉक्टर द्वारा बताई गई खुराक लेकर शीघ्र ठीक हो जाए। बच्चे ने खुशी-खुशी अपनी मांग को दबा दिया।

तुम यदि सारा साल सख्त मेहनत करके पढ़ते रहे और 85 प्रतिशत या उससे अधिक अंक अर्जित किए, तो मैं तुम्हें कंप्यूटर खरीद कर दूंगा। माता-पिता द्वारा की गई ऐसी घोषणा बच्चे को अवश्य ही कड़ा परिश्रम करने के लिए प्रेरित करेगी। जब बच्चा अपने लक्ष्य को प्राप्त कर ले, तो उसे अवश्य ही उसका इनाम (पारितोषिक) देना चाहिए। अपना किया हुआ वायदा कभी न तोड़ें। बच्चे विश्वास करने वाले होते हैं। अपनी कही हुई बात को जो पूरा नहीं करते, बच्चे उन पर विश्वास नहीं करते।

भविष्य के लिए किया गया वायदा (प्रॉमिस) सहायक सिद्ध हो सकता है। आप अपने नवयुवक बच्चों (13-14 वर्ष) को बता सकते हैं कि यदि वे इक्कीस वर्ष तक धूम्रपान एवं मदिरा का सेवन नहीं करेंगे, तब उन्हें उनकी पसंद का रेडियो या वाहन दिया जाएगा। इस प्रकार वे, तब तक इतने सुलझे हुए हो जाएंगे कि उन्हें यह बुरी आदतें नहीं पड़ेंगी।

14. समस्या का समाधान करें

कई बार बच्चे को स्कूल में, घर में या खेल में समस्या से जूझना पड़ता है। जिसके परिणामस्वरूप बच्चे का व्यवहार अटपटा हो जाता है। यदि समस्या का समाधान हो जाए, तो ऐसे व्यवहार का अंत हो जाता है। एक समय पर एक समस्या को चुनें। इसके बारे में शांति से विचार करें। आप इसको निम्न तरीके से सुलझा सकते हैं :

- **विचार करना**–समस्या के समाधान करने के विभिन्न तरीकों को सोचें। यदि बच्चा बड़ी आयु का है, तो वह अपने तरीके से समस्या का हल ढूंढ़ लेगा। प्रत्येक तरीके के लाभ और हानि के बारे में सोचें।

- ✦ **समाधान का चुनाव**–समाधान ऐसा चुनें, जिसे बच्चा स्वीकार कर सके। बच्चे को सहयोग दें।

  करण अपना सप्ताह के अंत का कार्य खत्म नहीं कर पाता–

1. करण अपना होमवर्क अपनी माता को शुक्रवार को दिखाएगा।
2. उस काम को कितनी देर में निपटाया जा सकता है, वे इस पर विचार करेंगे।
3. शुक्रवार को 2 घंटे उस काम के लिए निश्चित किए जाएंगे।
4. वह शनिवार को अपने काम का मौखिक कार्य कर लेगा और शेष लिखित कार्य भी समाप्त करेगा।
5. जब तक उसका काम समाप्त न हो, वह रविवार को बाहर कहीं नहीं जाएगा।

15. लिखित अनुबंध

लिखे हुए शब्द बहुत प्रभावी होते हैं। लिखित शब्द सुगमता से याद रह सकते हैं। बच्चे के लिए लिखित शब्द बहुत उपयोगी सिद्ध होते हैं। अगर सब कुछ लिखित में है, तो यह बच्चे के लिए काफी मददगार सिद्ध होगा।

- ✦ जो आप बच्चे से करवाना चाहते हैं, उसे स्पष्ट रूप से लिखें।
- ✦ कौन उसकी आदत पर अंकुश रखेगा।
- ✦ किस समय और कौन-सी तिथि से अनुबंध प्रभावी हुआ।
- ✦ अनुबंध की शर्तों से बच्चे को पूरी तरह से अवगत कराएं।
- ✦ उचित व्यवहार के लिए उसे इनाम दीजिए।
- ✦ यदि बच्चे के व्यवहार में इच्छित सुधार नहीं होता है, तो उसके नकारात्मक परिणामों से अवगत कराएं।
- ✦ आपसी वाद-विवाद और परामर्श से बदलाव लाया जा सकता है।

उदाहरण के लिए, 10 वर्षीय तरुण सदैव भरा हुआ टिफिन स्कूल से घर लाता था। भूखा रहने से उसमें चिड़चिड़ापन आ गया। दोपहर का भोजन न करने के उसके पास कई बहाने थे, 'मैं दोपहर के भोजन के डिब्बे को पसंद नहीं करता।' 'मैं खेलने में व्यस्त था, इसलिए खाने के लिए समय नहीं मिला,' इत्यादि।

ऐसी अवस्था में अनुबंध की निम्नलिखित शर्तें तय की जाएंगी :

- तरुण को पाठशाला में भोजन हर रोज करना है।
- उसकी मां उसकी मनचाही चीजों की सूची तैयार करके उसे देगी जैसे–सैंडविच, फ्रैंच टोस्ट, सब्जी का पोहा और परांठा इत्यादि।
- एक दिन पहले ही तरुण अपनी माता को बताएगा कि उसे दोपहर के लिए क्या खाना है?
- माता हर रोज उसका टिफिन चेक करेगी कि उसने कोई चीज छोड़ी तो नहीं है?
- यदि तरुण अपने टिफिन का खाना रोज खाएगा तो वह रविवार के नाश्ते की सूची स्वयं तैयार कर सकता है।
- यदि वह भोजन नहीं खाता है, तो उसे दूसरे परिवार के सदस्यों के साथ शनिवार की आइसक्रीम नहीं दी जाएगी।

यदि बच्चा घरेलू कार्य में सहयोग करने में कतराता है, तो इसी प्रकार दूसरी समस्याओं के लिए भी अनुबंध लिखित रूप में किया जा सकता है :

- अंकिता रविवार को ड्राइंगरूम साफ करेगी।
- वह फर्नीचर, शो पीसेज, दरवाजे और खिड़कियां साफ करेगी।
- मां देखेगी कि उसने सफाई ठीक ढंग से की है या नहीं। यदि अंकिता अपना गृहकार्य ठीक ढंग से करती है, तो उसे शाम को मनचाहे पीजा की दुकान पर ले जाया जाएगा।
- यदि वह ऐसा नहीं करती, तो उसका बाहर जाना बंद कर दिया जाएगा।

16. अच्छे व्यवहार का चार्ट

बच्चे की सहायता करने का यह एक सुगम और आनंददायक ढंग है। इस तरीके से अच्छे परिणाम सामने आएंगे। विशेष रूप से पाठशाला जाने से पहले और पाठशाला जाने के बाद वाले सभी आयु के बच्चों के लिए अच्छे बर्ताव वाले तीन तरीकों का चार्ट तैयार करें। व्यावहारिक समस्या को ध्यान में रखते हुए लक्ष्य स्पष्ट होना चाहिए।

उदाहरण के तौर पर 'अच्छा व्यवहार करता है', 'गृह कार्यों में सहयोग देता है', सामान्य शर्तें हैं, जिनकी व्याख्या करना कठिन है। कुछ इस प्रकार जैसे– खेलने

के बाद अपने खिलौने अपने स्थान पर रखता है, अपने स्कूल के जूते साफ करता है, फर्नीचर इत्यादि साफ करता है। जैसा नीचे दिखाया गया है, वैसा चार्ट तैयार करें।

क्रमांक	व्यवहार का लक्ष्य	सोम	मंगल	बुद्ध	बृह	शुक्र	शनि	रवि
1.	खिलौने अपनी जगह रखता है।							
2.	भोजन समाप्त करता है।							
3.	गृह कार्य करता है।							
4.	अपने जूते साफ करता है।							
5.	अपना तौलिया टांगता है।							

बाएं हाथ के कॉलम में अच्छे व्यवहार की सूची दी हुई है। इससे अगले छोटे कॉलम सप्ताह के सात दिनों के लिए हैं। यह चार्ट बच्चे के कमरे के दरवाजे या दीवार पर टांग सकते हैं।

यदि बच्चा काम पूरा करे तो चार्ट पर स्वर्ण सितारे का चिन्ह बनाओ। एक सप्ताह के पश्चात् स्वर्ण सितारों की गिनती करो। बच्चों के साथ बैठकर उसके अच्छे व्यवहार के लिए उचित इनाम देने का फैसला करें। एक सप्ताह में अधिक से अधिक 35 स्वर्ण सितारे लिए जा सकते हैं। बच्चे को प्रोत्साहित अवश्य करें।

स्वर्ण/सितारों की संख्या	प्रोत्साहन की उपलब्धि
25-30	मनचाही पुस्तक, कैसेट, बढ़िया पेंसिल बॉक्स इत्यादि खरीद कर दें।
30-35	बच्चों की फिल्म दिखाना, समुद्र के किनारे ले जाना। मनोरंजन वाटिका या पारिवारिक पिकनिक पर ले जाना।

25 से कम स्वर्ण सितारों को महत्त्व न दें। 20-25 स्वर्ण सितारों पर भी आप बच्चे को सांत्वना इनाम देना चाहते हैं, तो प्रोत्साहन हेतु आप बच्चे को आइसक्रीम या चॉकलेट दे सकते हैं।

सोमवार से चार्ट पर निशान लगाना शुरू करें। सप्ताह के अंत पर बच्चे द्वारा लिए गए स्वर्ण सितारे गिने जा सकते हैं और रविवार शाम को बच्चे को प्रोत्साहित किया जा सकता है। जैसे-जैसे बच्चे का व्यवहार सुधरता है, इनामों की नई सूची बनाई जा सकती है। जैसे–विनम्रता से बोलना, छोटे भाई या बहन के साथ खेलना।

बच्चा अधिक से अधिक अंक प्राप्त करने का प्रयास करेगा। हर समय उससे चमत्कार की अपेक्षा न रखें। इसके लिए समय लगता है। धीरे-धीरे बच्चा अच्छे बर्ताव के लिए अभ्यस्त हो जाएगा।

■■

स्वयं के लिए भी समय निकालें

बच्चे के पालन-पोषण के दबाव को आसान (सहज) बनाने के तरीके

क्या आपको चिड़चिड़ापन, गुस्सा, घबराहट और दबाव महसूस हो रहा है? आपके मनोभाव उद्घाटित करते हैं कि आप भारी दबाव में हैं। दबाव अनिश्चितता, एकाग्रता की कमी, नियंत्रण की कमी और नकारात्मक विचारों को पैदा करते हैं। क्या अब यह समय नहीं है कि आप थोड़ा-सा आराम करें?

इसके लिए आपकी धारणा क्या है? गर्मी की छुट्टियों के दौरान पहाड़ों पर जाना या समुद्र के किनारे बैठकर किताबें पढ़ना और ठंडे-तरोताज़ा कर देने वाले पेय के साथ लेट जाना। क्या कुछ ऐसा ही करने की आप योजना बनाते हैं? लेकिन यह तरीका कुछ दिन के लिए ही प्रभावकारी हो सकता है। शिथिलीकरण व्यायाम कुछ इस प्रकार है, जिसकी हमें नियमित रूप से आवश्यकता होती है। कुछ निश्चित स्थितियों में हद से ज्यादा प्रतिक्रिया करने से बचें। आपके पास एक विकल्प है कि किस प्रकार कुछ निश्चित हालात में प्रतिक्रिया व्यक्त की जाए।

1. व्यायाम

कुछ साधारण से व्यायाम करके हम चिड़चिड़ापन, गुस्सा, तनाव आदि कई मानसिक विकारों से छुटकारा पा सकते हैं। इसको करने के लिए ज्यादा समय की भी आवश्यकता नहीं होती। इसके लिए नित्य कम से कम दस मिनट समय खर्च करने का प्रयास करें।

गहरी सांस के व्यायाम

- अपनी कुर्सी पर आराम से बैठें।
- अपनी आंखें बंद करें।

- अपने बाजुओं को शरीर के बगल में रखें।
- अपनी सारी चिन्ताओं को दिमाग से निकालें।
- आप धीरे-धीरे आराम और शांति महसूस कर रहे हैं।
- अपने दाहिने हाथ को पेट पर रखें।
- एक गहरी सांस लें और पेट को उठा हुआ महसूस करें।
- अब सांस को बाहर निकालें और अपने पेट को अंदर जाता हुआ महसूस करें।
- इस व्यायाम को पांच तक गिनती गिनकर दोहराएं।
- धीरे-धीरे अपनी आंखें खोलें। आप आराम और फुर्तीला महसूस करते हैं।

2. ध्यान

जब कभी हम मानव शरीर पर अतिरिक्त दबाव डालते हैं, तो मस्तिष्क या शरीर किसी बीमारी से पीड़ित हो सकता है। ध्यान हमें शांत रहने के लिए सिखाता है और पूर्ण आराम की अनुभूति कराता है। 5-10 मिनट का ध्यान दिमाग को स्थिर और शांति रखने के लिए प्रशिक्षित कर सकता है। अपने आपको कम प्रतिक्रियावादी और चिड़चिड़ा बनाएं।

ध्यान आसान नहीं है। जिस क्षण आप अपने दिमाग को विचार रहित करना चाहते हैं, यह और अधिक अप्रसन्नदायक विचारों के बाढ़ से भर जाएगा। विचार रहित होने के लिए सचेतन प्रयास करें। नयी शुरुआत वाले इसको कुछ सेकंड ही कर पाते हैं। धैर्य और संगति ध्यान को बढ़ाने में आपकी मदद करेगी। ध्यान के लिए दिए गए कुछ मिनट आपको अत्यधिक लाभ देंगे। आप इसको करने के लिए कैसे आगे बढ़ सकते हैं :

- कुछ शांत वातावरण चुनें।
- आंखों को बंद करें और पैर को एक-दूसरे पर चढ़ाकर बैठें।
- मांसपेशियों को आराम दें।
- अपने नाक के सहारे सांस लें।
- आप अपने ध्यान को किसी एक बिन्दु पर केंद्रित कर सकते हैं; जो एक तस्वीर, मूर्ति या यहां तक कि आपकी सांस भी हो सकती है। 'ओऽम' मंत्र का जाप भी स्नायविक तंत्रिका के विभिन्न चक्रों को जाग्रत करता है।

- ✦ गायत्री मंत्र की तरह, किसी एक मंत्र का जाप कर सकते हैं, जिससे भगवान के माध्यम से उच्चतम ज्ञान की प्राप्ति होती है।

3. योग

योग प्राचीन भारतीय ज्ञान और संस्कृति पर आधारित है तथा पांच हजार वर्षों से भी ज्यादा पुराना है। पूरे विश्व के लाखों लोग योग के तंत्र और अनुशासन का प्रयोग आत्मविकास व आत्मानुभूति के लिए कर रहे हैं। यह पूरी तरह से एकीकरण की प्रक्रिया है, जो मनुष्य को उसकी पूर्णता, शरीर, दिमाग और अध्यात्म का अध्ययन कराता है।

योग चिकित्सा चार मुख्य बिन्दुओं पर आधारित है–आहार (खाना), आचार (व्यवहार), विचार (सोच) और विहार। यह पवित्र पहुंच शरीर, दिमाग और आत्मा के बीच संतुलन व सामंजस्य बनाए रखती है।

योग हर एक को शांति और सद्भाव का भाव देता है। यह मांसपेशियों में नरमाहट लाकर उन्हें बल प्रदान करता है और मल-त्याग में आराम प्रदान करता है। यह अत्यधिक दबाव को कम करने वाला है। एक व्यक्ति ज्यादा जीवंत महसूस करता है।

योग के पक्ष में कुछ बिन्दु दिए गए हैं :

- ✦ यह करने में आसान है।
- ✦ यह मात्र कुछ मिनट ही नित्य लेता है।
- ✦ यह अप्रतियोगी और तनाव रहित है।
- ✦ किसी भी उम्र के लोग इसे कर सकते हैं।
- ✦ आप आरामदायक स्तर पर कार्य कर अपनी गति को उन्नत कर सकते हैं।
- ✦ यह अकेले, एक मित्र के साथ अथवा यहां तक कि परिवार के साथ भी किया जा सकता है।
- ✦ इसकी कक्षाएं स्थानीय उद्यानों, मंदिरों व सभागार केंद्रों पर होती हैं।
- ✦ गहरी सांस और एकीकरण की यौगिक क्रिया स्नायु तंत्रों पर एक औषध का कार्य करती है और मानसिक सामंजस्य बनाए रखने की प्राप्ति में मदद करती है।

- यह हर प्रकार के व्यक्तियों के लिए उपयुक्त है—हताश घरेलू महिलाएं, परेशान माता-पिता, व्यस्त अधिकारी और बढ़ते हुए बच्चे।
- योग-व्यायाम ब्रह्ममुहूर्त या शाम को करना अच्छा होता है।

4. बीच-बीच में अपने लिए भी समय निकालें

एक दिन मैंने अपनी बहन को फोन किया, जो एक बहुराष्ट्रीय कंपनी में वरिष्ठ परामर्शदात्री है और दो उत्साही बच्चों (पहला तीन साल और दूसरा एक साल) की मां है। "बड़े मालिक कैसे हैं?" मैंने पूछा। "मालिक, मेरा पैर! तुम वास्तव में एक गुलाम से बात कर रही हो। मैं महसूस करती हूं कि चौबीस घंटे काम करती हूं। बच्चों और कार्यालय के व्यस्ततम कार्य के साथ मैं दिन के अंत तक पूर्ण रूप से थक जाती हूं। रात तक मैं पूरी तरह से चिड़चिड़ी हो जाती हूं। घंटे भर शांति से सोना ही मेरे मनोरंजन का साधन है।" उसको बेमौके पर निराशा होती थी। हर व्यक्ति को आराम की आवश्यकता होती है। कभी-कभी, कोई भी समस्या प्रायः ऐसी नहीं है कि उसका तुरंत निदान किया जाए। एक बच्चे से अथवा यहां तक कि अपने साथी से भी आराम लेना अच्छा होता है। बिना परेशानियों पर विचार किए फुर्ती के साथ टहलें। तब साफ दिमाग से समस्याओं पर कार्य करें।

मेरी बहन ने एक योजना बनाई। शनिवार के दिन दो घंटे के लिए बच्चों की जिम्मेदारी पिता पर होगी। वह पास के सौंदर्य प्रसाधन केंद्र जाएगी। लंबे समय तक शरीर, चेहरे की मालिश व नख प्रसाधन करेगी। इन दो घंटों ने उसको पुनः तरुण (नया) कर दिया। कभी-कभी माता-पिता के दायित्व से आराम लेना भी आवश्यक हो जाता है। यह कभी समाप्त होने वाला काम नहीं है। सिर्फ शारीरिक थकावट को ही नहीं, अपितु मानसिक थकावट को दूर करने के लिए भी आपको समय निकालने की जरूरत होती है। एक ऐसी गतिविधि चुनें, जो आपको ज्यादा से ज्यादा आनंद दे सके। यह एक अच्छी नयी प्रकाशित पुस्तक लेना, गेंद फेंकना, एक नाटक या सिनेमा देखने जाना हो सकता है। एक ऐसे व्यक्ति को चुनें, जिस पर आप बच्चों के साथ भरोसा कर सकें। यह दादी, नानी, मौसी, नौकरानी या बच्चे के बैठने की जगह हो सकती है। अपने समय को आनंद के साथ व्यतीत करें और हर नए दिन का एक ताजे दिमाग और सही दृष्टिकोण से सामना करें।

5. अपनी शक्ति को पहचानें

कुछ दिन पहले मेरी चिकित्सक बहन को अपने एक दोस्त, नौ महीने के जुड़वां बच्चों की एक बिल्कुल नयी मां से दुःखद फोन मिला। "दोनों बच्चों ने मुझे इतना तंग कर दिया है कि अगर एक शांत है, तो दूसरा चिड़चिड़ा रहा है; अगर एक सो रहा है, तो दूसरा झल्ला रहा है। कभी-कभी मेरा मन करता है कि मैं उनको खिड़की से बाहर फेंक दूं। क्या इस तरीके से मेरे लिए सोचना स्वाभाविक है? मुझे आश्चर्य होता है कि मैं एक मां क्यों बनी? यह न रुकने वाला, पूरे समय का कार्य है। क्या तुम सोचती हो कि मैं सही मां नहीं हूं? वह अपनी अप्रसन्नता पर भावुक हो उठी। वह रोने ही वाली थी।

"तुम्हारी प्रतिक्रियाएं बिल्कुल सामान्य हैं। एक नयी मां शारीरिक और मानसिक दोनों ही दबाव महसूस करती है। तुम्हारी परेशानी कुछ ज्यादा है, क्योंकि तुम एक ही उम्र के दो बच्चों की देखभाल कर रही हो। वस्तुतः तुम्हें दो स्वस्थ, जीवंत बच्चों को एक साथ बड़ा करने के लिए काफी मान मिलना चाहिए," मेरी बहन ने कहा।

जब कभी आप निराशा महसूस कर रहे हों, तो निम्न बिन्दुओं पर विचार करें :

- मैं अपने बच्चे को प्यार करता हूं।
- मैं एक अच्छा माता/पिता हूं।
- मैं अपनी समझ में अच्छा से अच्छा कर रहा हूं।
- मैं कड़ी मेहनत करता हूं।
- मैं मित्रवत् रहता हूं।
- मैं अपने स्वतः के निर्णय ले सकता हूं।
- मैं अपने गुस्से पर नियंत्रण कर सकता हूं।
- गलती सबसे होती है।
- हमें अपनी गल्तियों से सीख लेनी चाहिए।
- मेरे बच्चे मुझे प्यार करते हैं।

जब आप निराश हों तो इस तरीके की सकारात्मक सोच आपको आगे बढ़ाएगी। 'आत्मबल' को बढ़ाने वाला अगर कोई सबसे महान हो सकता है, तो वह किसी की खुद की 'मां' होती है। अपनी मां को फोन करो। उसके पांच मिनट की प्यार

भरी बात तुम्हारे अहं के लिए आश्चर्यजनक कार्य कर सकती है। वास्तव में, बातचीत के बाद आप एक महान माता या पिता की तरह महसूस करना शुरू कर देंगे।

6. अपनी समस्याएं बांटें

कभी-कभी दूसरों के साथ बातचीत करने से मदद मिलती है। भारत में, परिवार में बल प्रदान करने वाला एक मजबूत तंत्र है– दादा-दादी, नाना-नानी, ताऊ-तायी, चाचा-चाची, मौसा-मौसी, मामा-मामी, चचेरे और अन्य। ये लोग तुम्हारे साथ या आस-पास रह रहे होते हैं। कुछ निश्चित समस्याओं से कैसे निबटा जाए, इस पर वे आपको बहुमूल्य सलाह दे सकते हैं। आपकी समस्या का कोई एक जादुई निदान नहीं हो सकता, लेकिन उनके साथ बातचीत निश्चित ही आपके संदेह, भय और चिन्ता को कम कर देगी। हर कुछ के बावजूद नाना-नानी और दादा-दादी के पास कई सालों का लंबा अनुभव होता है।

जब आप अपनी किसी परेशानी की बातचीत अपने रिश्तेदार (संबंधी) अथवा एक मित्र से कर रहे हों, तो वह धैर्यवान और सहानुभूति प्रदान करने वाला स्रोता होना चाहिए। जो हमेशा आपके साथ मौजूद रहे, आपकी अलोचना न करे और बदले में किसी मांग के लिए न पूछे। उसके साथ बात करना आपको हलका कर सकता है और दबाव स्तर को कम कर सकता है।

आजकल दूरियां बढ़ने से शहरों में मित्र/पड़ोसी आदि से दस मिनट बात करके भी आपकी कई समस्याओं का हल निकल सकता है। बच्चों की पाठशाला में उसकी टीचर, बाकी बच्चों के माता-पिता आदि से भी बात कर सकते हैं।

आजकल भारत में, हमारे पास कई ऐसी सीधी सेवाएं हैं, जिसकी संकट की स्थिति में हर एक मदद ले सकता है, जैसे–व्हिमेन्स, संजीवनी, सहारा आदि। वे बच्चे को अकादमिक असफलता, मनोबल में गिरावट, सामाजिक अव्यवस्था और जीवन के नकारात्मक विचारों से सामंजस्य स्थापित करने में मदद करते हैं। विशेषकर बोर्ड की परीक्षा के पहले और बाद में इन संस्थाओं के पास बुलावे की बाढ़-सी लग जाती है। बहुत से अच्छे कार्य करने के लिए उन्हें जाना जाता है, विशेषकर किशोर बच्चों के लिए।

7. क्रोध को अपने ऊपर हावी न होने दें

क्रोध क्या है? क्रोध वस्तुतः आवश्यकताओं की पूर्ति न होने पर उसके विरोध में होता है। हम क्रोधित तब होते हैं, जब हम सोचते हैं कि कोई व्यक्ति या कोई चीज हमारी जरूरतों, आवश्यकताओं में बाधा पहुंचा रही है। कुछ लोगों के पास थोड़ा कष्ट सहने की क्षमता होती है, जबकि दूसरे ज्यादा छेड़खानी बर्दाश्त कर सकते हैं। कुछ ऐसे होते हैं, जो गुस्से को इकट्ठा करते हैं और बाद में ज्वालामुखी की तरह फटते हैं और अपने क्रोध को सब पर उतारते हैं।

हम सबको एक सबसे बड़ी चुनौती यह है कि हम क्रोध को रचनात्मक तरीके से व्यक्त करें। ऐसा करने के लिए हमें दूसरों के साथ, पहले गंभीर और प्रभावी तरीके से संचार स्थापित करना सीखना होगा।

हम गुस्सा क्यों करते हैं :

- अतिरिक्त शारीरिक और मानसिक थकान के कारण।
- दूसरों से यह आशा करना कि वह हमारे दिमाग को पढ़े और ज़ाने कि हमें क्या आवश्यकता है?
- प्रत्येक से झूठी आशा करना।
- दूसरों को 'नहीं' कहने की अयोग्यता का होना।
- किसी कार्य में अत्यधिक देरी का होना।
- बुरे बर्ताव का लगातार किया जाना।

क्रोध से हम रचनात्मक तरीके से कैसे सामंजस्य स्थापित करें

- अपने अंदर अच्छे विचारों को भरकर, क्रोध के साथ शांति बनाए रखने का प्रयास करें।
- दूसरे के व्यवहार के लिए छूट देने की कोशिश करें। आपका लड़का बहुत गुस्सा कर सकता है, क्योंकि स्कूल में उसकी टीम मैच हार गई या बच्ची चिड़चिड़ी हो सकती है, क्योंकि उसे ठीक से सोने के लिए नहीं मिला तो इसमें आपको क्रोधित होने की आवश्यकता नहीं है।
- 'सही है या गलत है' के रूप में सोचने से बचने का प्रयास करें। डांटना गलत होता है और धैर्य रखना सही होता है, परंतु कभी-कभी थोड़ा-सा मन का गुबार निकाल देना भी लाभदायक हो सकता है।

- एक समय में एक ही परेशानी पर मन केंद्रित करें। कई युद्धों के साथ एक समय पर बाजीगर बनना आपको अप्रसन्न, थका हुआ और निदान न निकाल पाने वाला बना सकता है। सबसे पहले अति आवश्यक परेशानी से निपटें, जैसे–बच्चे का कामचोर होना।
- **सही समय चुनें :** अगर आप गुस्सा या थके हुए हैं, तो किसी समस्या पर कार्य करने का प्रयास न करें, जैसे बच्चे को दंड स्वरूप या बुरे बर्ताव के लिए बोर्डिंग स्कूल भेजना।
- संभव हो, तो अपने विचार व बात को उस तक पहुंचाने की कोशिश करें, जिससे आपको परेशानी है। जब आपका बच्चा आपसे ढिठाई से बात करता है और आपके प्राधिकार को चुनौती देता है, तो उससे कहें कि आपको बहुत तकलीफ हुई और ऐसे व्यवहार की पुनरावृत्ति को पसंद नहीं करेंगे।
- अपनी आवश्यकताओं को साफ और साधारण तरीके से व्यक्त करें। जैसे–घर के सभी कामकाज का उत्तरदायित्व अकेले आपका नहीं है। अपना वक्तव्य स्पष्ट करें। उनको कहें कि आप भी थके हैं और फुरसत के लिए समय चाहिए।
- दूसरे व्यक्ति से क्या करवाना अथवा नहीं करवाना चाहते हैं, इस बात को सुनिश्चित करें।
- उदाहरण के तौर पर, एक दस वर्षीय लड़के के लिए आप निम्न कार्य निश्चित कर सकते हैं :
  - पौधे को एक दिन के अंतराल पर पानी देना।
  - अपनी मेज स्वच्छ और साफ रखना।
  - भोजन के पश्चात् मेज को पोंछना।
  - शाम 7.30 बजे के बाद बाहर न रहना।
- **परावर्तित सुनवाई का इस्तेमाल करें**

  बहुत बार जब हम दूसरों को सुन रहे होते हैं, तो हमारा दिमाग कहीं और होता है। दूसरा व्यक्ति क्या कह रहा है, इस बात का दोहराया जाना, दूसरे व्यक्ति को यह महसूस करने में मदद करता है कि आप उसके कारणों हेतु सहानुभूति रखते हैं।

दूसरे व्यक्ति पर प्रहार न करें। अगर बैठक में गेंद से खेलते हुए बच्चे से एक महंगा फूलदान टूट जाता है, तो यह कहना अच्छा होता है कि अगर उसने बगीचे में खेल के बनाए नियमों का पालन किया होता, तो ऐसा नहीं होता।

- ✦ **निदान खोजें**

  परेशानी दूर करने के लिए सभी संभावित निदानों को देखने का प्रयास करें, न कि चिल्लाकर या पिटाई कर उनको गंभीर बनाएं।

क्रोध के साथ क्रोध का आदान-प्रदान मात्र क्रोध को बढ़ाएगा। इसकी तुलना में एक शांत, सहानुभूतिप्रद जवाब दूसरे व्यक्ति को क्रोध दूर करने में सहायक होगा।

अत्यधिक क्रोध घर के अंदर तनाव, डर और अविश्वास का वातावरण पैदा करता है। यह व्यक्ति को अकेला और पृथक् महसूस करा सकता है। उसी समय क्रोध आपके शारीरिक स्वास्थ्य को बिगाड़ सकता है। पुराना क्रोध सख्त सिरदर्द, उच्च रक्तचाप और बदहज़मी/पेट में अधिक तेज़ाब का बनना आदि का रूप पकड़ सकता है।

प्रभावी मातृ-पितृत्व के लिए क्रोध पर नियंत्रण अति आवश्यक है।

■■

बच्चों की प्रतिभा कैसे उभारें

–चुन्नीलाल सलूजा

बैजू बावरा का नाम आज कौन नहीं जानता? वह विधवा मां के आंचल में ही पले-बढ़े। देवयोग से मां-बेटे को एक महान गुरु के दर्शन हो गए। उनकी दिव्य दृष्टि में बैजू की प्रतिभा समा गई और उनके विद्यादान से एक दिन वह इतने बड़े गायक बने कि पारखी उन्हें संगीत सम्राट तानसेन का प्रतिद्वन्द्वी मानने लगे।

- ❖ क्या आप भी इसी तरह बच्चों को सम्पूर्ण प्रतिभा सम्पन्न बनाने के लिए जागरूक हैं?
- ❖ क्या आप जानना चाहते हैं कि बच्चों को सर्वगुण सम्पन्न कैसे बनाया जा सकता है?
- ❖ क्या आप उन्हें शिक्षा, खेल तथा अन्य क्षेत्रों में निरंतर हिस्सेदारी दिला रहे हैं?
- ❖ क्या आप उनके अंदर छिपी हुई क्षमताओं को खोज निकालने में सफल हो पाए हैं?
- ❖ क्या आप उनमें चुस्ती, स्फूर्ति, बुद्धिमानी, सच्चरित्रता, शिष्टाचार, व्यवहार कुशलता एवं संवेदनशीलता की हरियाली उगाना चाहते हैं?
- ❖ क्या आप अपने बच्चों को सबसे अलग, सबसे ऊंचा, सबसे स्वस्थ और सुंदर देखना चाहते हैं?

तो आइए, आकर्षक भविष्य के निर्माण में आरंभ से जुट जाइए, फिर देखिए कितनी जल्दी होते हैं आपके सपने साकार।

डिमाई आकार • पृष्ठ : 152
मूल्य : 72/- • डाकखर्च : 15/-

बच्चों को दब्बू बनने से कैसे रोकें

–चुन्नीलाल सलूजा

आज के दौर में माता-पिता बच्चों से बहुत अपेक्षाएं रखते हैं। वे चाहते हैं कि बच्चे हर क्षेत्र में प्रगति करें, पर वे यह नहीं जानते कि बच्चों की भी अपनी चाहतें और जरूरतें हैं, जिन्हें पूरा करने का दायित्व उनका ही है। इस ओर से लापरवाह न बनें, वरना बच्चा दब्बू बन जाएगा।

बच्चों के दब्बू बनने का सबसे बड़ा कारण उनका अपने माहौल में दबे-घुटे, हीन भावना से ग्रस्त और उपेक्षित रहना है। इस तरह वे या तो जिद्दी, चिड़चिड़े और उद्दंड हो जाते हैं, या फिर चुप और उदास रहने लगते हैं। यह बच्चे के मानसिक विकास में बड़ी बाधा है। ऐसी भयावह परिस्थिति से अपने बच्चों को बचाने के लिए आज से ही जुट जाएं।

- हर बच्चे में ढेरों क्षमताएं होती हैं, जिनका पता लगाएं और उनके अनुसार उन्हें ढालना शुरू कर दें।
- घर-परिवार, स्कूल और बाहर के लोगों के बीच मुखर, जीवंत और हंसमुख बना रहे, इसके लिए भरपूर प्रयत्न करें।
- उसके भीतर से कायरता, डर, घुटन और कुंठाओं को निकाल कर बाहर फेंक दें। उसे किसी भी रूप में प्रताड़ित न करें, बल्कि हौसला बढ़ाएं।
- उसकी हर समस्या के समाधान के लिए सदा तत्पर रहें।
- बच्चे की आधारभूत आदतों और प्रवृत्तियों को संवारने की जिम्मेदारी निभाएं। उनके दोस्त, सहयोगी और सलाहकार बनें।

क्या आप अपने बच्चे के लिए यह सब कर रहे हैं?

पहले अपने भीतर ढूंढ़िए कि आप में कौन-सी कमियां और कमजोरियां हैं। उन्हें मिटाएं, दूर भगाएं, तभी कर सकते हैं आप अपने बच्चों के साथ न्याय।

डिमाई आकार • पृष्ठ : 142
मूल्य : 72/- • डाकखर्च : 15/-

बच्चों को बिगड़ने से कैसे रोकें

–चुन्नीलाल सलूजा

आज पश्चिम की स्वच्छंद और भोगवादी संस्कृति के कारण हमारा परिवेश ही बदल गया है। आनंद मनाने, योजनाओं में जीने और चकाचौंध-भरी दुनिया में सुध-बुध बिसार देने की होड़ मची है। ऐसी जीवन शैली से सर्वप्रथम बच्चे ही प्रभावित होते हैं, क्योंकि सीखने-समझने, परिपक्व बनने की कच्ची उम्र में ही उन्हें परीलोक जैसा काल्पनिक संसार आकर्षित कर रहा होता है। यह संक्रमण काल भयावह है, जिससे बचना अवश्यंभावी है।

बेजा लाड़-प्यार, चोरी-चुगली, जिद्दीपन, ईर्ष्या, आलस, पढ़ाई से ऊब, काम से जी चुराना, तोड़-फोड़, मार-पीट, आवारागर्दी, छिछला मनोरंजन, बेहूदा फ़ैशन, यौनाकर्षण, डेटिंग,-सेटिंग, खतरनाक नशों का आकर्षण, अनुशासनहीनता, अपराधी और हिंसक प्रवृत्ति, लक्ष्यहीनता, पलायन, कुंठाएं, पैसे का घमंड, गलत संगतियां, शॉर्टकट की संस्कृति जैसे विकार बच्चों के बचपन और उनके भविष्य को बर्बाद कर उनके संरक्षकों को अभिशप्त जीवन जीने के लिए बाध्य कर देते हैं।

लेकिन चिंता करने और घबराने की आवश्यकता नहीं है। केवल आप सदैव जागरूक बने रहें और बच्चों को सही रास्ता दिखाएं, उनके बचपन को संवारें और सुखद भविष्य का निर्माण करें। यह पुस्तक आपकी पूरी-पूरी सहायता करेगी। इसमें बच्चों के बिगड़ने के कारण और लक्षण तो दिए ही गए हैं, साथ ही उन्हें बिगड़ने से रोकने के ठोस एवं व्यावहारिक उपाय भी सुझाए गए हैं।

डिमाई आकार • पृष्ठ : 152
मूल्य : 72/- • डाकखर्च : 15/-

बाल-विकास एवं मातृत्व पर अन्य श्रेष्ठ पुस्तकें

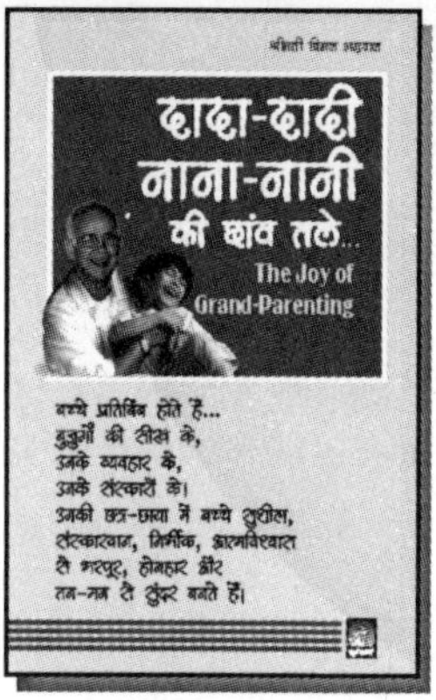

मूल्य : 48/-
डिमाई आकार • पृष्ठ : 96

मूल्य : 68/-
डिमाई आकार • पृष्ठ : 136

मूल्य : 80/-
डिमाई आकार • पृष्ठ : 144

मूल्य : 96/-
बड़ा आकार • पृष्ठ : 206

डाकखर्च : 1 पुस्तक पर 15/-
प्रत्येक अतिरिक्त पर 5/-